DOCTRINE SOCIALE.

Ouvrages publiés par M. Bonnin en 1820.

ÉLÉMENS NATURELS DE LA CHRONOLOGIE, Lettre à M. *Volney*, de l'Institut de France; in-8°. : Prix 1 fr. Chez Desoer. (Mars.)

LÉGISLATION CONSTITUTIONNELLE, ou *Recueil des Constitutions françaises*, précédées des déclarations des droits de l'Homme et du Citoyen, publiées en Amérique et en France; 1 vol in-8°. : Prix 6 f. Chez Corréard. (Mai.)

M. Bonnin s'occupe de rassembler les Constitutions des autres Peuples : elles formeront la troisième partie de la *Législation constitutionnelle*.

DOCTRINE SOCIALE, ou *Principes universels des Lois et des Rapports de peuple à peuple* In-8°. Prix, 2 f. 50 c. Chez Brissot-Thivars. (Octobre.)

Réimpressions. (Pour paraître cette année.)

CONSTITUTIONS DU PEUPLE FRANÇAIS, *ordonnées chronologiquement d'après l'ordre méthodique des intérêts sociaux qu'elles règlent ;* avec cette épigraphe prise dans la Préface : « Les constitutions de la France commen-
» cent ses annales nationales, et seront, dans les temps,
» les monumens caractéristiques de la grande époque de
» son histoire.» 1 vol. in-8°., *seconde édition,* augmentée de nouveaux documens. (Paraîtra cette année.)

Le Livre des *Constitutions*, publié il y a vingt ans, an VIII de la république française (1800), est une conférence méthodique des Constitutions de 1791, des années III et VIII, réunies en un même corps de législation. Il ne faut pas confondre ce Livre, qui ne comprend que les trois Constitutions qui ont régi la France, avec la *Législation constitutionelle*, simple recueil de tous les actes constitutionnels depuis 1789 jusqu'en 1815.

DE L'ORDRE ET DE LA CULTURE DES CONNAISSANCES HUMAINES, suivi de l'*excellence de Corneille ;* an X de la république française (1802). In-8°, *nouvelle édition* augmentée de notes.

DOCTRINE SOCIALE,

OU

PRINCIPES UNIVERSELS

DES LOIS ET DES RAPPORTS DE PEUPLE A PEUPLE,

Déduits de la nature de l'homme et des droits du
genre humain;

PAR C.-J.-B. BONNIN.

Leur simplicité les a fait long-temps méconnaître,
et ce n'est qu'après bien des réflexions qu'on en a vu
toute la fécondité et toute l'étendue.

MONTESQUIEU.

PARIS,

A LA LIBRAIRIE CONSTITUTIONNELLE
DE BRISSOT-THIVARS,
rue Neuve-des-Petits-Champs, n° 22.

1820.

AVANT-PROPOS.

O vitæ *philosophia* dux! ò virtutis
indagatrix, expultrixque vitiorum !
tu inventrix legum, tu magistra mo-
rum et disciplinæ fuisti. Cic. *Tusc.*

Les vérités *morales* sont les premières vérités, sinon dans l'ordre des vérités possibles, du moins dans l'ordre des vérités utiles.

Les vérités physiques sont la *connaissance* positive des faits constans de la nature; les vérités morales, la *connaissance* de soi-même. Les vérités physiques ont pour *cause* la nature; les vérités morales, l'homme. Les vérités physiques ont pour *but* l'application de la connaissance des choses naturelles à nos besoins; les vérités morales, de diriger l'homme par la connaissance de lui-même, de ses appétits, de ses penchans et de ses affections, et, ce qui comprend tout, par la justice.

Sans doute les vérités *physiques* sont la source des vérités morales, ou plutôt celles-ci ne seraient point sans les premières; car les vérités *morales* ne sont que des vérités physiques considérées dans un sens purement intellectuel, et applicables à un ordre d'idées et de rapports rationnels. N'oublier pas ce fait incontestable dans l'examen des principes sociaux les plus propres à assurer le bonheur des hommes en communauté, et conséquemment dans les lois qui en découlent, puisque les *lois* sont des vérités morales qui ont leur cause dans les vérités physiques, les *besoins* des hommes.

Les vérités morales, comme les vérités physiques, sont des *conséquences* émanant de faits naturels : et, comme vérités, les vérités morales sont susceptibles d'une *démonstration rigoureuse;* leur *évidence* peut être aussi complète qu'en mathématique même. Dans les *faits moraux* il est possible de porter la conviction de raisonnement, et cette conviction peut être aussi exactement établie que la certitude dans les choses physiques et l'évidence en mathématiques. Appliquer cette certitude et cette évidence à la *législation,* sera porter la rectitude dans les idées; et comme la justesse dans les idées donne nécessairement de la rectitude dans la conduite, les hommes n'en seront que meilleurs, car le fondement de toute prospérité intérieure est dans l'u-

sage de la raison en l'individu et dans les progrès
des lumières dans l'espèce humaine. Si ce fait in-
variable était bien apprécié il en résulterait un
grand bien, et celui qui aurait pu en convaincre
la généralité des hommes aurait rendu le plus
grand service à l'humanité.

Pour cela, ne séparer jamais la *morale* de la
politique, non plus que la *politique* de la morale, car l'homme n'est point un être abstrait,
et il n'y a point de politique sans la justice et
l'équité; autrement ce serait faire de l'homme un
être sans rapports, et de la politique une mesure
sans raison, incertaine, capricieuse et de conve-
nance. En effet, que seraient pour l'homme des
devoirs qui ne le concerneraient qu'isolément? Que
serait pour la société un établissement qui n'aurait
d'autres principes que le hasard des événemens,
l'empire des circonstances, la volonté des passions, l'arbitraire du pouvoir? Mais c'est au contraire parce que tout se tient dans les rapports
divers de l'homme en société, qu'il y a nécessairement un enchaînement de lui à la communauté,
qui fait que ses actions et ses devoirs sont sociaux
en étant personnels; et c'est parce que l'équité
est la raison universelle qui émane de la nature
même des besoins des hommes, que la politique
est inséparable de la morale. Il n'y aurait plus

véritablement de politique tant que sa morale différerait de la morale privée. Rattacher donc la morale à la *politique*, ou plutôt confondre ces deux choses dans leurs élémens. Les temps présens sont les plus propres à cette manière de considérer la morale et la politique, et à ne plus les séparer, puisqu'elles ne sont que deux voies pour parvenir à un même but, l'*amélioration de l'homme et des sociétés* (1).

La *politique* n'est proprement que la morale appliquée de l'*homme individu* aux *hommes en société*. Ce sont les rois qui en ont fait une science à part, et en cela leur intérêt a perpétué l'ignorance des hommes en leur en donnant une fausse idée. La *politique* n'est pas non plus si compliquée qu'on se l'imagine ; ce sont les passions des rois qui en ont fait un art étendu : ses *principes* ne sont pas hors de la portée du jugement du commun des hommes ; ce sont les intérêts personnels des rois qui en ont fait une science mystérieuse.

(1) Mably est le seul des écrivains politiques qui ait été bien pénétré de l'*inséparabilité* de la morale et de la politique, et qui ait fait de la morale la base de la législation, particulièrement dans ses admirables *Entretiens de Phocion*, livre le plus instructif, avec les considérations sur les Romains, par Montesquieu.

De toutes les vérités important à l'humanité, et qui peuvent occuper l'intelligence, les *premières* sont celles qui tiennent à la *civilisation des peuples* et au *maintien de la liberté naturelle de l'homme*, parce qu'elles sont les élémens mêmes de la société : la morale et la politique sont là tout entières. De tous les livres utiles au développement de la raison, le plus nécessaire sera donc celui qui renfermera ces *vérités*, qui touchent de si près au bonheur de l'homme en famille et en communauté.

Les vérités morales qui sont la base des *lois* sont donc les plus importantes dans l'ordre des vérités ; mais celles qui sont le *fondement* des principes constitutifs des sociétés, conséquemment des *lois organisatrices* des peuples, sont les *premières* de toutes, parce qu'elles renferment les *élémens* mêmes de la société.

Les élémens de chaque science reposent aussi sur un très-petit nombre de *principes fondamentaux*, principes qui constituent et ordonnent chacune d'elles en particulier, et qui les classent ensuite selon l'ordre que l'intelligence leur assigne dans l'ensemble des connaissances humaines, d'après leur objet et leur importance. En simplifiant les sciences ces principes les mettent à la portée de tous les esprits, et consacrent ainsi

leurs avantages dans leur application aux besoins
de la société. Il n'est point de science, ni même
d'art, auxquels cette vérité ne soit applicable,
quelque compliquées que pourraient paraître ou
que seraient les conséquences à tirer de leurs
principes fondamentaux pour la pratique ou dans
l'application. Mais à la naissance des sciences il
se fait beaucoup de tâtonnemens, il s'élève bien
des doutes : nombre d'erreurs se mêlent d'abord
à quelques vérités aperçues ; des systèmes purement hypothétiques, des théories arbitraires et
idéales se succèdent, se heurtent, se combattent,
se détruisent dans le doute de la vérité, et dans
les efforts que fait alors l'esprit pour sa recherche.
Ce n'est qu'avec le temps que la raison, qui, dans
les opérations de l'intelligence, n'est que l'analyse
des faits appliquée par le jugement, perce et se
fait jour, sape les préjugés vulgaires, combat à
son tour les erreurs des premiers écrivains, dé-
montre le faux ou le vide de leurs hypothèses,
présente l'observation des faits comme la seule
voie, et la vérité comme seul objet des recherches
pour les productions de l'esprit ; et qu'enfin, ra-
menant toutes les opinions à quelques principes
fondamentaux rigoureusement démontrés, la raison guide l'esprit dans ses conceptions aussi simples que vraies et profondes. Telle est la marche

naturelle de l'esprit en tout ce qui tient à l'entendement : tel fut aussi l'avancement graduel de la *science sociale* jusqu'à nos temps modernes ou nationaux.

En effet, les sciences sont généralement dues autant au hasard qui les fit naître qu'aux besoins des hommes, qui s'empressèrent de profiter de leur découverte pour leur utilité personnelle ou commune ; et il est également certain que les erreurs les plus grossières s'accréditèrent à leur première origine. Ce fait est surtout applicable à la science sociale : d'un côté les *passions* des hommes, de l'autre les *systèmes hypothétiques* et les *théories* des écrivains avaient toujours jeté la plus grande obscurité sur les élémens et l'application de cette science. Les annales de tous les âges et de tous les peuples ne l'attestent que trop à chaque page de l'histoire.

Sans doute nos connaissances historiques sont *modernes* dans l'éternité des temps : ce qui fut antérieur aux siècles dont on a quelques documens sur les annales de quelques-uns des peuples maintenant les plus anciens, ne nous est point parvenu, et les premiers temps connus sont encore obscurcis par des fables. Nous ne connaissons que par des fragmens très incomplets les lois, les institutions, le gouvernement, les mœurs et les lumières des Indiens, des Égyptiens, des Scythes, et de toutes les nations tartares, la souche de tous les peuples, ou plutôt nous en jugeons le plus souvent par induction ou par analogie. Nous ignorons entièrement les Éthyopiens, plus anciens peut-être encore. Combien de peuples, leurs contemporains, dont nous ne savons pas même les noms. Ce n'est que des colonies fondées par les émigrations d'Égypte que datent les connaissances plus certaines que nous avons des peuples de l'antiquité, encore ne savons-nous que très imparfaitement ce que les Phéniciens, les Tyriens, les Sidoniens, les Phocéens, les Carthaginois, les Siciliens, et quelques autres nations également libres, avaient établi pour leur police et pour les libertés de leurs citoyens. Il ne nous reste que des lumières incomplètes sur les lois des Grecs et des Romains, dont les historiens et les philosophes ne nous ont conservé et transmis que des fragmens, souvent défigurés. Beaucoup de livres se sont aussi perdus pour toujours par suite des révolutions politiques chez ces peuples, et dans les temps postérieurs, ce qui ne serait point arrivé si l'imprimerie eût été connue de l'antiquité.

Cependant ce que nous savons à cet égard, et ce qui est même avéré, c'est que jamais les peuples de l'antiquité n'eurent de législation précise, non pour régler les nombreux rapports qui naissent de l'état social dans une grande population civilisée, mais même pour ordonner leurs rapports sociaux dans leur état borné de civilisation et de population. La police des *Phéniciens* et des *Rhodiens*, particulièrement adonnés à la navigation et au commerce extérieur, qui en est la suite, eut pour objet principal la marine, le négoce et les étrangers; celle des *Tyriens*, l'industrie manufacturière. Les lois des *Egyptiens*, des *Assyriens*, des *Mèdes* et des *Perses* se rapportèrent exclusivement au gouvernement absolu de leurs prêtres et de leurs rois, et à l'esclavage politique et religieux. La police des *Hébreux* fut toute théocratique aux temps de leurs juges, ainsi qu'aux temps de leurs rois-pontifes. Les législations des *Grecs*, plus favorables à l'esprit d'indépendance personnelle qu'aux principes et au maintien de la liberté publique découlant de lois constitutives, eurent au contraire essentiellement pour objet et pour but la sûreté individuelle, et de régler la participation des citoyens aux affaires publiques. Les trop nombreuses lois des *Romains* se ressentirent d'abord de leur esprit de conquête et de domination, ensuite de leur esprit de servitude, et ne formèrent jamais qu'une législation verbeuse, incomplète, et variable encore comme les décisions et les inter-

prétations dont elle fut toujours accablée. Déterminés dans leur police intérieure, dans leurs lois
et leurs institutions par leur position topogra-
phique, leur caractère, ou par les événemens politiques qu'ils subirent, mais non par les principes
éternels de l'ordre social et des rapports des
hommes en société, les peuples de l'antiquité
n'eurent jamais qu'une législation politique incertaine et sans principes, circonscrite et sans prévoyance. Quelques-uns de ces peuples se recom-
mandèrent seulement par un ardent mais exclusif
amour de la patrie, par quelques réglemens utiles,
mais incomplets, sur les personnes et sur la possession ou la transmission des biens, et aussi par de
grandes entreprises et des travaux publics admirables, par des monumens d'art qui attestent encore aujourd'hui la perfection et l'estime où les
arts étaient parvenus dans l'antiquité.

En s'éclairant avec les temps, quelques-uns
de ces peuples sentirent sans doute les inconvéniens de leur organisation politique; mais, en
quelques circonstances heureuses qu'ils se trou-
vassent pour l'améliorer, ils ne pouvaient en corriger les vices, ignorant que les *droits de l'homme*
sont communs à tous les hommes et le principe
de toute législation, ignorant conséquemment les
élémens mêmes de l'institution sociale. Comment

dès lors auraient-ils pu connaître d'après quel mode la république devait être ordonnée, par quels moyens la liberté et l'égalité des personnes, la sûreté de la propriété pouvaient être réellement garanties, puisqu'ils ne savaient pas encore les *vérités sociales* sur lesquelles reposent les principes de tonte police, c'est-à-dire la société même ? Le gouvernement des peuples les plus libres, et ainsi les plus célèbres de l'antiquité, dont l'histoire nous a conservé en partie les annales, atteste cette vérité historique. On voit même que, si quelques cités avaient cherché pour leur amélioration sociale à mettre à profit leur propre expérience et les lumières des temps qui les avaient précédés, elles ne surent jamais cependant remonter aux *droits naturels de l'homme,* élément de tout ordre social. Les Grecs, les Romains, et les colonies qui en sortirent, entreprirent particulièrement de grandes choses pour leur liberté, et cette liberté fut chez ces peuples la cause d'institutions et d'actions admirables ; mais aussi comme, excepté leurs citoyens, ils n'eurent jamais en vue la *liberté des hommes,* ils ne firent rien pour elle, mais contre elle dans tous autres qu'eux-mêmes. La liberté et l'égalité furent toujours pour les peuples des républiques anciennes, un bien dont ils furent extrêmement jaloux de jouir seuls ; et

en cela ils les méconnurent pour eux-mêmes, et furent coupables envers l'humanité, qu'ils outragèrent dans leurs esclaves. « Cessons d'admirer
» les anciens, qui n'eurent pour constitutions que
» des olygarchies, pour politique que des droits
» exclusifs de cités, pour morale que la loi du
» plus fort et la haine de tout étranger : cessons
» de prêter à cette antiquité guerroyeuse et su-
» perstitieuse une science de gouvernement qu'elle
» n'eut point, puisqu'il est vrai que c'est dans
» l'Europe moderne que sont nés les principes
» ingénieux et féconds du système représentatif,
» du partage et de l'équilibre des pouvoirs (1). »

Ce mépris de l'humanité pour le reste des hommes chez les peuples libres de l'antiquité, cette incertitude dans les élémens de leurs institutions politiques, cette diversité dans leurs modes de gouvernement, leurs troubles presque continuels, et leurs guerres intestines excitées par la passion de la liberté ou par la soif du pouvoir, le despotisme sacerdotal et politique de tous temps connu des peuples anciens soumis à l'autorité monarchique, vinrent donc de ce qu'il avait manqué aux uns et aux autres de ces peuples de connaître les *droits*

---

(1) VOLNEY, *leçons d'histoire* à l'école normale, an 3 de la République.

naturels de l'homme, pour asseoir leur liberté sur ses véritables bases, et avoir une police conforme à l'ordre essentiel des sociétés. Ne doutons pas que s'ils eussent connu les *droits naturels des hommes*, ils auraient étendu leur existence, qu'ils formeraient encore des nations, et que leur exemple eût civilisé depuis long-temps le reste du monde connu alors.

Si on examine également les livres des philosophes qui ont écrit sur les lois et le gouvernement chez les peuples de l'antiquité, combien d'erreurs politiques pour quelques vérités morales applicables à la police des nations ! Les écrits de *Platon*, plutôt moraux que politiques, reposent sur une théorie fausse, et tiennent au système imaginaire que cet écrivain s'était fait de l'homme et du gouvernement des hommes. Il créa l'homme, et ne le dépeignit pas : dans son être idéal on ne peut le reconnaître. Les lois qu'il imposa à la société étaient également inapplicables, parce qu'il leur donna pour base l'homme qu'il s'était formé, non les droits naturels de l'homme, c'est-à-dire l'homme que la nature a fait. *Aristote* fut un observateur plus exacte et plus judicieux ; mais, prenant toujours les conséquences des faits qu'il rapporte pour les principes des choses, ses systèmes de gouvernement étaient par cela même contradictoires avec ces faits. *Cicéron* traita plus particulièrement la partie morale des lois, et il parla des lois et du gouvernement plus en philosophe moraliste qu'en philosophe politique : plus admirable dans ses ouvrages philosophiques qu'en ses oraisons, qui ne sauraient être comparées aux harangues de Démosthènes, il fut peut-être le plus grand écrivain moraliste de l'antiquité.

Plus observateurs des faits que scrutateurs des causes, les philosophes de l'antiquité ont rapporté fidèlement ce qu'ils voyaient et comme ils voyaient ; mais leurs écrits seraient plus précieux et plus instructifs, s'ils eussent joint à l'exactitude de l'observation la philosophie des causes : observateurs peu judicieux à cet égard, ils se sont abusés sur les faits mêmes. Platon, dans son spiritualisme, vit ainsi deux hommes en l'homme, l'un physique et l'autre moral, et faisant de l'un et de l'autre un moi à part, contre l'évidence il établit le dernier le mobile de tout l'homme, la cause directrice et déterminante à laquelle il rapporta tout l'homme. Aristote prit ainsi pour des modes distincts de gouvernement ce qui n'était qu'un mélange informe de plusieurs, et le plus souvent ce qui n'en était pas un. Mais observateurs exacts, minutieux même, admirables le plus souvent, quand ils examinèrent les effets moraux des choses et des institutions, les écrivains de l'antiquité en connurent bien les rapports : ils les mettent sous les yeux. C'est en cela seulement qu'ils sont recommandables, et qu'ils peuvent nous instruire de leurs temps. Mais sans précaution on ne pourrait les suivre sans danger pour la partie de la science sociale, qui traite des lois et du gouvernement.

Admirons quelques peuples de l'antiquité pour ce qu'ils ont fait pour leur liberté ; sachons gré à leurs législateurs de plusieurs de leurs institutions, et à leurs philosophes de leurs efforts et de leurs essais, mais ne cherchons point dans leurs temps les élémens vrais de la *liberté* et de *l'institution sociale.*

Si nous ne devons donc plus remonter jusqu'à ces temps antiques, si loin de nous par leurs mœurs, leurs opinions, leur philosophie et leur police, et dont la célébrité de quelques peuples, de leurs législateurs et de leurs philosophes en imposa trop souvent depuis sur leurs institutions et leurs opinions, ce ne serait point non plus dans les temps anciens de l'Europe qu'il nous faudrait chercher la connaissance des *droits naturels de l'homme et du citoyen*, ces grandes *vérités sociales*, élémens de la société et de toutes les lois. Des siècles sont encore à franchir. Que trouvons-

nous en effet dans l'histoire des nations fonda-
trices des peuples modernes, avant et même après
l'imprimerie, jusqu'à ce que l'indépendance des
Etats-Unis d'Amérique et la révolution de France
eussent fait sentir leur influence aux nations nouvelles qu'elles créent ? Toujours le récit uniforme
et trop constaté des maux publics causés dans tous
les pays, en Amérique et en Europe, par l'ignorance et l'oubli des droits naturels de l'homme en société, conséquemment par l'ignorance des nations,
par l'arbitraire et le despotisme des gouvernemens.

L'observation exacte des *faits* eût pu con-
duire à l'évidence de la vérité, parce que la certitude y mène seule; mais jusqu'à ce que le goût
et l'étude des faits eussent prévalu, l'homme n'avait
suivi avec plus de confiance les impulsions de
son imagination, c'est-à-dire cette image de
vérité qu'il se créait, que parce que, entraîné
par le désir de connaître, mais dominé par
l'amour-propre de l'esprit, il était plus frappé
de ce qu'il croyait voir ou devoir être, que de
ce qui était, et parce qu'il s'attachait plus à
certains effets des choses, et à des causes occa-
sionnelles qu'aux causes fondamentales. C'est même
cette faculté de l'imagination, souvent trop abon-
dante chez certains hommes, qui a enfanté toutes
les erreurs qui ont dominé l'homme et les

peuples en politique ainsi qu'en morale, et d'où sont nés les préjugés populaires, les religions, les systèmes et les hypothèses en physique et en gouvernement, les sophismes en morale. De là cette manie des systèmes (si contraire aux progrès de la raison, et qui est une faiblesse de l'esprit et le résultat de son orgueil) avait perpétué d'âge en âge et de peuple à peuple les mêmes théories et les mêmes doctrines, auxquelles on ajoutait toujours ce que l'homme est naturellement porté à ajouter à l'erreur comme à la vérité, tant il est facile à l'esprit d'errer quand il ne consulte pas la nature, la raison et l'expérience. Les systèmes hypothétiques sont aussi des erreurs nées de l'application détournée de principes vrais, dans la volonté ou le désir de démontrer la vérité ; mais ils s'en éloignent davantage que l'ignorance absolue, parce qu'ils ont leur cause dans l'amour-propre du jugement. Malheureusement la vérité marche toujours entre deux écueils ; la volonté de savoir et la direction que prend alors l'esprit.

Aussi, dans l'état présent de l'esprit humain, quelle instruction réelle les hommes pourraient-ils maintenant retirer de l'étude des philosophes anciens de l'Europe, même les plus célèbres ? *Machiavel* ouvrit la carrière : porté à la défense de la liberté par la révolution même de son pays, mais

témoin des troubles et des factions qui déchi-
raient les républiques de l'Italie, il ne vit plus
d'ordre social qu'en celui qu'il croyait le plus
propre à mettre un terme aux longues agitations
de sa patrie : dès lors ce philosophe, d'un esprit
étendu et riche de connaissances historiques,
tout à la fois zélateur de la liberté et défenseur
du despotisme, émit des vérités sociales dans ses
Discours sur Tite-Live, et fit de la duplicité
dans les rois la science du gouvernement des
hommes, en érigeant la mauvaise foi en science
des états dans son livre du *Prince,* tout en faveur
de la duplicité en politique et dans les conseils.
Moins violent dans ses principes que Hobbes, qui
vint après lui, plus souple et plus insinuant dans
la manière de les énoncer, il a souvent l'ap-
parence de l'intérêt de l'humanité alors qu'il
s'écarte de cet intérêt. Déduisant seulement de la
connaissance de l'histoire des vérités usuelles applicables aux nations, mais sans liaison et sans
rapports, et ne cherchant pas à remonter aux
élémens des sociétés pour en prendre les principes
organiques de l'ordre politique dans un système
ordonné, Machiavel appela les esprits à l'étude
des connaissances politiques, mais ne fut point
une source pour leur étude.

Écrivain plus original que **Bacon**, dont il fut

le disciple, d'un esprit moins étendu et moins varié que Machiavel, *Hobbes*, doué de la force de perception, plus méditatif et logicien que savant, appliqua le premier la méthode du raisonnement à la philosophie politique. Mais, philosophe systématique, il consulta moins les faits que ce que son esprit naturellement sombre crut y voir. Il créa l'homme tel que son caractère le lui montra. L'état violent dans lequel il plaça toujours l'homme détermina tout ce que son système a d'outré. Les conséquences qu'il tira de ses faux principes sur l'homme et le gouvernement, bonnes sous le rapport de l'art de raisonner, ont toujours quelque chose de violent comme ses principes. Dans son *Leviathan* il étendit le pouvoir monarchique bien au-delà de ses justes bornes : ôtant tout frein à la volonté absolue des princes, il établit le despotisme pur. Quoique dans son livre *de Cive* il parût lier l'homme par le devoir, il ne lui donna réellement que l'intérêt personnel pour régulateur, et les conséquences de ses principes furent de priver l'homme de toute moralité en ses actions, et de la seule cause qui en fait un être particulier, la raison, qui doit toujours le diriger dans ce qu'il se doit à lui-même et aux autres. En supposant les hommes méchans il leur donna sujet de l'être », observe très bien le grand Descartes. Reconnaissant un état de nature antérieur à la société, il établit l'état de guerre comme cause de la sociéte, et l'idée de cet état violent caractérisa ce que son système a d'exagéré. Machiavel, en charmant et en entortillant son lecteur, conduisit par des voies détournées à son opinion, qu'il savait embellir de fréquens exemples historiques ; Hobbes marcha droit et franchement à son but ; aussi, malgré tout ce que son système a de dur et de révoltant, ses raisonnemens sont tellement liés qu'il faut l'admettre ou le rejeter en entier. En conseillant aux princes la mauvaise foi, la ruse et la finesse, quand la force serait nuisible, Machiavel mani-festa du mépris pour les hommes ; en établissant le despotisme pur comme ordre essentiel des sociétés, Hobbes montra de la haine pour l'hu-manité.

Grotius, écrivain diffus, politique vague dans ses principes, et plus érudit que profond, plus souvent légisconsulte, moraliste et théologien que philosophe politique, considéra également l'homme dans un état primitif de nature. La fa-mille et la propriété furent les causes qu'il assi-gna à la société : prenant ainsi les effets d'une cause vraie (l'état social) pour le principe de la cause qu'il donna à la société, les bases de son

système furent par cela même fausses. Il confondit sans cesse le politique et le civil, le droit
naturel et les lois, le droit des nations et les conventions de peuple à peuple dans son livre *de
Jure belli et pacis* et dans son *Mare librum.*
Cependant, parmi les grandes erreurs de cet
écrivain, sur les droits des hommes et les élémens
du pouvoir public, on trouve quelques vérités.

Différens d'esprit, de talent, et dans le but
même des ouvrages qu'ils publièrent, ces philosophes offrirent dans leurs personnes et dans leurs
écrits la même dissemblance que l'on remarque
toujours dans les peuples qui les virent naître.

Dans combien d'erreurs ne sont pas encore
tombés les écrivains formés à leur école ? Si quelques-uns, grâce aux progrès des lumières, évi-
tèrent plusieurs des erreurs qu'on trouve en Machiavel, Hobbes et Grotius, ils ne surent s'élever
comme eux par la force de conception, ni être
originaux comme ces écrivains. *Morus, Har-
ringthon et Bodin* eurent les défauts de Platon,
qu'ils rappelèrent dans leurs républiques imaginaires. *Puffendorf,* disciple de Grotius et son
continuateur, fut diffus dans ses écrits : mélan-
geant comme cet écrivain le civil et le politique,
ou plutôt confondant l'un et l'autre, ainsi que le
droit naturel et les lois, le droit des nations et les

conventions entre les états, il serait impossible
de se faire des idées nettes et exactes de ces
choses dans ses écrits. *Wolf*, comme tous les
savans et les érudits Allemands, qui ont communément beaucoup de savoir et d'érudition, mais
qui les épuisent en leurs écrits, qui disent tout
et ne laissent rien à penser à leurs lecteurs, et
dont les volumineux et minutieux ouvrages sont
sans méthode et surchargés de divisions et de
subdivisions dans lesquelles la science est délayée,
Wolf, avec le même défaut, ne fut ni précis ni
exact : il ne fit que répéter à sa manière les opinions de ses devanciers. *Burlamaqui, Blankes-*
thon, Wattel et autres commentateurs des
écrivains qui les avaient précédés, n'ajoutèrent
rien à la science sociale. *Lock* soumit la pensée
à l'analyse dans son livre du *Gouvernement*
civil, et fut en cela plus utile aux progrès de la
raison. Penseur et logicien comme Hobbes, non
sombre comme ce politique, mais misantrope et
plus observateur dans les faits de détail, le plus
souvent en contradiction avec lui-même, parce
qu'il écrivit avec passion, plus tard *Rousseau,*
presque toujours hors de la nature, qu'il méconnut
dans ses grands traits primitifs parce qu'il ne la
vit qu'avec ses préventions, ordonna l'homme,
la société et le gouvernement d'après son carac-

tère, dans son *Contrat social,* livre plein de
paradoxes, comme tout tout ce qu'il a écrit,
mais où il rappela d'utiles vérités, qui servirent à
l'instructionde ses contemporains.

Outre le défaut d'observation dans ces écrivains,
et la philosophie des causes qui leur a manqué, re-
marquons ici que ce fut toujours sur un prétendu état de nature qu'ils basèrent leurs systèmes et leurs opinions politiques, et la cause
qu'ils donnèrent à l'origine de la société : leur
croyance, à cet égard, émana des rêveries des
écrivains de l'antiquité, particulièrement de leurs
systèmes cosmogoniques. Dans l'ignorance des
principes des choses, l'homme voulut assigner un
commencement aux choses : cette idée fut d'a-
bord plus appropriée à la faiblesse de son intelligence, que celle de leur éternité. Ce fut ainsi que
les erreurs religieuses servirent de base aux premiers essais dans les scienses. Aussi le grand défaut de ces écrivains fut d'avoir amalgamé des
opinions religieuses à leurs systèmes politiques,
et d'avoir ainsi confondu des idées bien différentes,
la croyance en une intelligence ou être au-dessus
de la nature, et les lois convenables aux peuples,
des idées surnaturelles, c'est-à-dire incompréhen-
sibles, et des idées naturelles , c'est-à-dire con-
formes aux faits, et soumises au jugement de la

raison. Ce faux point de départ les a égarés en bien de leurs jugemens, et le plus communément dans les principaux. Cette manière de raisonner des choses utiles et nécessaires est un abus de la faiblesse de l'esprit pour des idéalités. L'idée d'un être supérieur à tout et auteur de tout est totalement étrangère au gouvernement des hommes. En condamnant ce défaut de jugement, accusons-en les temps où ces écrivains parurent. Dans tous les âges, la religion avait été la grande affaire des hommes, et pour étendre leur empire, les prêtres, chez tous les peuples, avaient eu l'art de lui faire prendre toutes les formes, de la faire se rattacher à tous les intérêts, afin qu'on fut forcé de ne parler de rien sans y mêler la religion.

C'est en elles-mêmes que les sciences doivent être traitées, c'est-à-dire qu'il faut chercher, analyser et démontrer les causes et les résultats des faits qu'elles ont pour objet ; car, leur donner des causes surnaturelles pour base des faits qu'elles expliquent, comme faire intervenir une providence dans une démonstration mathématique, ou dans un axiome de physique pour l'explication des choses naturelles, ou dans les élémens de la politique pour en déduire les droits des hommes et les règles du gouvernement, ainsi qu'en ont

agi les philosophes anciens, serait ne rien ajouter à la démonstration des faits et à la justesse des
raisonnemens, ne rien expliquer et ne rien faire
connaître, mais consacrer le principe des erreurs,
et méconnaître le fondement des choses et l'évidence de la vérité. Maintenant les savans agissent
plus sensément et plus dans l'intérêt de la vérité :
l'astronome ne voit dans le mouvement des corps
célestes que les lois en vertu desquelles ils se meu-
vent ; le chimiste ne voit dans l'organisation des
corps que l'analyse des lois élémentaires de leur
formation et de leur décomposition ; le physicien
ne voit dans les lois motrices de la nature que leurs
causes et leurs effets naturels ; le naturaliste que
la formation, la structure, la description et la
classification des êtres organisés et inorganisés ;
le médecin que la connaissance de l'homme, et
de ses lois organiques dans l'état de santé et de
maladie ; nos législateurs enfin, ne virent dans la
réunion des hommes en société que les principes
éternels des lois sociales et les élémens des lois positives et du gouvernement, qu'ils déduisirent des
droits et des besoins seuls des hommes.

Plutôt légisconsultes, et plus souvent moralistes
et théologiens que philosophes politiques, Machiavel, Hobbes, Grotius et leurs disciples ne
servirent la science sociale, qu'en ce qu'ils la

présentèrent à l'attention des hommes, et qu'ils éveillèrent et entretinrent dans les esprits le désir des recherches et le besoin de savoir. En effet, si l'on examine leurs systèmes et leurs opinions sur la société et ses lois, et le vague et l'incertitude de leurs principes sur l'institution sociale et le gouvernement, la raison est maintenant attristée de l'abus de l'intelligence et du savoir en ces écrivains, tels services qu'ils aient rendus d'abord, en excitant dans les hommes le besoin de connaitre. Laissons dans l'oubli, où les a plongés le progrès des lumières par l'observation de la nature et par la volonté seule de la vérité, tous leurs systèmes, toutes leurs opinions, car ils n'ont fait que retarder et entraver la marche de la raison. Qu'y apprendrait-on aujourd'hui, sinon l'histoire trop bien constatée des erreurs de l'esprit humain ? Pour voir donc la vérité s'offrir d'elle-même à nos recherches, écartons pour toujours les théories systèmatiques qui l'obscurcissaient, et qu'on ne pourrait faire servir aux sociétés, parce qu'elles ne sont ni vraies dans leurs principes, ni applicables dans la pratique.

Si donc, dans tous les âges antérieurs aux temps modernes, au lieu d'*observer* la nature pour remonter aux principes primitifs dans les

sciences (1), et si dans la science sociale, au lieu
de *déduire* les rapports des hommes en société,
de la nature même de l'homme, pour connaître
les lois essentielles et constantes propres à régler
ces rapports d'après leurs besoins naturels et so-

(1). Il n'était point non plus de science dont la langue
ne fût défectueuse, ce qui avait toujours nui à leur méthode, à la justesse et la clarté des idées, jusqu'aux temps
modernes, où de véritables savans réformèrent en grande
partie les langues des sciences naturelles. Mais la langue
politique était peut-être la plus défectueuse de toutes,
tant par l'emploi arbitraire des mots , que par le
vague des idées dans les écrivains , et elle est encore
restée en partie imparfaite, malgré les progrès immenses
que nos assemblées nationales ont fait faire à la science
des lois. Le peu d'avancement de cette science jusqu'à
Montesquieu tient principalement à cette cause , que ce
grand homme ne détruisit pas entièrement. Aussi ce sera
un important service rendu à cette belle science, lorsque
la raison, ayant entièrement vaincu tout préjugé politique,
et fait prévaloir les principes des sociétés, rectifiera ce
que la langue législative a de défectueux. On ne doit jamais perdre de vue que ce n'est que par le rapport exact
et nécessaire des mots aux idées qu'ils expriment, et des
idées aux mots qui les rendent, que les sciences se per-
fectionnent, et que leur langue peu devenir usuelle et être
entendue de tous. Dans toutes les sciences il importe
donc de bien définir les mots qui leur sont consacrés,
puisque la connaissance de ces mots fait elle même partie
des sciences.

ciaux, on suppléait au positif par des théories, et à la connaissance des principes par des hypothèses, ne soyons nullement étonnés de l'état d'enfance dans lequel était toujours restée la législation des peuples. Félicitons-nous donc, pour les progrès de la raison, de ce que l'esprit, désabusé des systèmes par l'abus même des systèmes, n'ait plus de volonté que pour l'étude observatrice des faits naturels.

Cependant des philosophes dans l'antiquité, et Cicéron, qui écrivit spécialement un livre sur les *devoirs de l'homme*, avaient énoncé dans leurs écrits quelques-uns des principes éternels qui sont la base des vérités sociales; parmi nos philosophes européens, le grand *Montesquieu*, dans son immortel Esprit des lois, et le sage *Mably*, qui traita directement des *droits et des devoirs de l'homme*, rappelèrent ces principes, les étendirent et les perfectionnèrent de tout ce que de grandes associations politiques, une industrie, des connaissances et des relations plus étendues, une étude plus profonde de l'homme, de ses besoins et de ses rapports, plus de philosophie enfin, ajoutèrent aux lumières des anciens. Mais, énoncés seulement dans les livres des philosophes, ces *principes* n'étaient dans la législation d'aucun peuple.

De tous les peuples libres connus, les *Virginiens*, nation de la république fédérative des État-Unis d'Amérique, furent le premier qui écrivit les vérités éternelles et fondamentales de la société dans ses lois, et qui fit précéder sa constitution (première constitution connue dans l'histoire, et la première qui soit émanée de la volonté nationale) d'une *déclaration des droits de l'homme en société*, comme fondement et régulateur de ses lois et de sa police. En transformant en dispositions législatives des vérités éternelles, élément de toute la science sociale, « les Virginiens méritèrent, comme le remarque Condorcet, la reconnaissance du genre humain. » Cinq autres peuples de la même confédération ceux de *Pensylvanie*, de *Delawarre*, de *Maryland*, de *Caroline Septentrionale* et de *Massachussetts* (1), suivirent l'exemple des Virginiens, et les Américains offrirent à l'étonnement des nations européennes, dégradées par leur longue servitude, ces grandes *vérités sociales* qu'ils trouvèrent gravées dans leurs cœurs, que l'instinct leur indiqua, et que le bon sens leur fit approuver. Pour la première fois l'homme et les peuples connurent une religion politique.

(1) Voyez ces déclarations, *législation constitutionnelle*, I⁺ partie (1820).

« Mais, dit Condorcet (*Idées sur le despo-*
» *tisme*), aucune de ces déclarations des droits
» de l'homme ne peut être regardée comme com-
» plète. 1° Aucune ne renferme l'énonciation des
» limites de la puissance souveraine relativement
» à la punition des crimes. Or, il est évident que
» la puissance législative n'a pas le droit d'ériger
» en crimes des actions qui ne sont pas une lé-
» sion directe, immédiate et grave des droits,
» soit d'un individu, soit de la société. 2° Aucune
» ne renferme l'énonciation des limites de la puis-
» sance législative, ni relativement aux lois ci-
» viles, ni relativement aux lois de police. 3° Une
» seule déclare contraire au droit naturel toute
» capitation, tout impôt portant sur les pauvres
» (expression qui annonce des connaissances ap-
» profondies sur cet objet), mais aucune n'exclut
» les impôts indirects qui, par leur nature, sont
» inégalement répartis et ne peuvent exister sans
» une violation plus ou moins directe de la liberté
» de la personne ou des biens, et sans une intro-
» duction de délits arbitraires. 4° Si quelques-
» unes proscrivent tout privilége exclusif, aucune
» ne place au rang des droits naturels et sacrés la
» liberté que doit conserver tout homme de faire
» de ses forces et de ses biens l'usage qu'il lui plaît,
» tant qu'il ne nuit pas aux droits des hommes,

» liberté qui suppose la liberté indéfinie de l'in-
» dustrie et du commerce. 5° Quelques-unes
» autorisent l'établissement de taxes pour le paie-
» ment des frais du culte, applicables il est vrai
» à tel ou tel culte, suivant la volonté du contri-
» buable; mais toute taxe de cette espèce est
» contraire aux droits des hommes, qui doivent
» conserver la liberté de ne payer pour aucun
» culte, comme de n'en suivre aucun. 6° On y a
» placé généralement le droit de ne pouvoir être
» condamné que par un jury unanime. Or, il n'est
» pas prouvé; 1° que cette unanimité, exigée sui-
» vant les formes anglaises, donne une plus grande
» probabilité de la vérité du jugement, qu'une
» pluralité immédiate de huit, de dix juges (1). 2°. Il
» n'est pas prouvé non plus que des jurés soient
« des juges du fait plus dignes de confiance que
» des hommes choisis par les citoyens parmi ceux
» qui ont la plus grande réputation de lumières
» et de probité, et choisis pour remplir cette
» fonction pendant un espace de temps plus ou
» moins long. Le choix entre ces différentes mé-

(1) Oui selon la forme anglaise, mais non selon les premières lois françaises et le bon sens. L'opinion de Condorcet était donc vraie en ce sens : aussi ce citoyen célèbre se montra-t-il le défenseur de l'institution du jury.

» thodes n'est pas une question de droit, mais
» une question de raisonnement. La puissance
» législative doit avoir l'autorité d'établir la forme
» qui lui paraît la plus propre à maintenir la
» sûreté personnelle, et l'on doit, dans une décla-
» ration des droits, exclure ce qui leur serait con-
» traire et non prescrire un choix entre les
» moyens qui les maintiennent également. Ainsi,
» par exemple, toute nomination de juges ou
» jurés autrement que par l'élection des justi-
» ciables, toute institution d'un tribunal perpétuel
» se recrutant lui-même, ou nommé par un corps
» de citoyens ou par un magistrat suprême, doi-
» vent être proscrites par une déclaration des
» droits. 7° Dans plusieurs de ces déclarations on
» exempte du service militaire forcé ceux qui,
» par raison de conscience, ne se croient pas
» permis de porter les armes. C'est ici un privi-
» lége accordé aux gens qui professent une cer-
» taine opinion, et par conséquent une violation
» du droit général. Le principe qui ferait res-
» pecter la conscience particulière dans ce qui
» serait vraiment du ressort des lois, n'est qu'un
» encouragement au fanatisme. Il ne serait pas
» juste de forcer au service un homme dont les
» soins sont nécessaires à sa famille, et d'en
» exempter un quaker ou tel autre sectaire; mais

» l'exemption générale de tout service militaire
» forcé doit faire partie d'une déclaration des
» droits. L'appel au service doit être libre, et la
» punition du refus est la honte attachée partout
» à la poltronnerie : l'opinion prononcerait alors
» seule sur le motif légitime ou non légitime du
» refus (1). »

Les Français, peuple éminemment sensible, le
plus spirituel et le plus propre à accueillir les
vérités utiles à l'humanité, transcrivirent et déve-
loppèrent depuis les principes fondamentaux de
la société dans les *Déclarations des droits de
l'homme et du citoyen,* dont ils firent précéder
les deux premières constitutions qu'ils se donnèrent (2) : ils servirent à leur tour de modèle
à l'Europe, et ils devinrent ses intituteurs. Ainsi
s'annonça la France, dès les premiers mo-
mens de son existence nationale, par un grand
titre à la vraie gloire, et elle fit présager les

(1) Ici Condorcet semble avoir méconnu ce principe
fondamental de toute société : *chacun se doit à la
défense commune.*

(2) Des *trois constitutions* qui ont régi la France, les
constitutions de 1791, de l'an III (1795) et de l'an VIII
(1799), il n'y eut que celles de 1791 et de l'an III qui
furent précédées d'une *déclaration des droits de
l'homme et du citoyen.*

3

divers genres de gloire dont elle allait bientôt
s'immortaliser.

Les législateurs américains et français posèrent non-seulement les *fondemens naturels* de
la science sociale, qu'ils recréèrent, mais encore
ils prévinrent par l'*instruction* le retour durable
du despotisme; deux choses désormais inséparables dans leurs conséquences.

Ainsi quelques philosophes avaient antérieurement beaucoup fait pour les progrès de la raison ;
mais dans la grande révolution que commen-
cèrent les Américains et les Français, leurs législateurs proclamant ces vérités éternelles qui
sont la base de toute législation, et dont *l'igno-*
rance ou l'oubli avait causé tous les maux
des peuples, mirent la raison dans tout son
jour, et ils élevèrent les temps modernes au-
dessus des temps anciens ; car les vérités qu'ils
proclamèrent, fondamentales de tout l'ordre social, admirables par leur évidence et leur simplicité, renferment toute la sagesse humaine ; et
ces vérités, auxquelles on peut appliquer ce que
Montesquieu a dit des lois de la nature physique :
« Leur simplicité les a fait long-temps mécon-
» naître, et ce n'est qu'après bien des réflexions
» qu'on en a vu toute la fécondité et toute l'éten-

» due, » attesteront les lumières de deux grands peuples, fondateurs de la liberté des nations.

Une révolution incommensurable et incalculable dans ses résultats se fit dans l'entendement humain, dès-lors que les faits, fondement de toute science, devinrent l'unique étude, et que l'esprit scrutateur, qui n'admet rien qui ne soit fondé sur les faits, fut l'esprit philosophique des temps modernes. Heureuse révolution opérée simultanément dans les sciences politiques et physiques, dont la marche fut rapide et les progrès furent certains, ainsi que les résultats, du moment qu'on ne s'attacha qu'à l'observation des faits, et dont l'humanité était redevable, pour les sciences physiques, à l'illustre *Lavoisier*, leur créateur (1); car avant ce beau génie les savans s'étaient plutôt occupés d'établir des systèmes sur l'origine et la nature des choses, qu'à scruter la nature, à déduire ses lois de l'observation, à les analyser et à les rapporter, par l'application, aux besoins de la société. Un nouvel ordre de choses naquit

(·) En même temps que les Américains des États-Unis proclamaient à la face de l'univers une déclaration des droits de l'homme et du citoyen, qui devint l'élément de la science politique, le physicien français publiait ses belles découvertes en chimie, qui recréèrent les sciences physiques.

dans l'ordre social et dans l'intelligence : *novus rerum nascitur ordo.*

Les temps modernes ne furent plus ceux où des opinions hypothétiques pouvaient prévaloir sur la raison et contre l'évidence, en matière de lois et de gouvernement. Ce ne fut plus par de vaines théories, par des systèmes plus ingénieux que fondés, plus brillans que solides, que l'esprit pouvait être satisfait : il fallut à l'intelligence une nourriture plus vraie, plus substantielle; les hommes sentirent la nécessité impérieuse de ne s'attacher qu'aux faits, et de n'admettre que la vérité. Aussi ce ne furent plus ces temps où Machiavel érigeait la mauvaise foi et la duplicité en science des états; où Hobbes faisait de l'homme un animal sans frein, établissait le despotisme en gouvernement des peuples; où Grotius, dans le doute même de son système, divaguait ses principes de politique et de droit; où Puffendorf, en commentant ces principes, y ajoutait ses propres erreurs; où Morus et Bodin créaient leurs républiques imaginaires; où Wolff et Burlamaqui s'égaraient dans leurs principes et leurs définitions du droit; où d'autres écrivains à leur exemple confondaient le droit naturel, l'équité et les lois. Semblables à ces voyageurs qui s'écartent de la vraie route pour prendre des chemins détournés, qui finissent par les éloigner du but de leur voyage, ces écrivains n'avaient fait que rappeler d'âge en âge les mêmes erreurs.

Ce ne fut plus même ces derniers temps anciens de l'Europe, si recommandables par leurs lumières et leur philosophie, où le grand *Montesquieu*, le plus beau et le plus puissant génie politique, consacrait d'antiques erreurs dans son immortel *Esprit des Lois*, et, confondant l'état et le gouvernement, établissait, avec tous les publicistes, trois formes de gouvernement d'après Aristote, et en faisait dépendre en partie la liberté des peuples; où cet illustre législateur des nations reconnaissait trois pouvoirs dans l'état, comme si l'exécution des lois était un droit primitif dans l'autorité, non une délégation de la loi, et si l'autorité de juger n'était point une simple conséquence de cette exécution, mais un autre droit primitif; où dans son système ingénieux des climats, mais faux comme principe absolu sous le rapport social, et sous ce rapport démenti par l'histoire de tous les pays, ce philosophe ne prouvait qu'une imagination brillante: où le sage et austère *Mably*, seul politique ancien qui puisse instruire avec Montesquieu, et le premier qui ait considéré la politique et la morale comme une seule et même science, principalement dans ses admirables *Entretiens de Phocion*, le plus bel ouvrage avec le livre de Montesquieu sur les Romains, attristé du spectable des institutions, des gouvernemens et des mœurs des nations européennes, voulait la police et les mœurs des grands états de l'Europe selon les lois, les mœurs, les usages et l'austérité forcés des petits états de la Grèce et de Rome libre, qu'il offrait pour modèles à la corruption de son siècle.

Sans doute il n'est point donné à l'intelligence de franchir de suite de grands intervalles; car la raison ne se développe que successivement chez les peuples comme en l'homme. Sans doute les vérités sont le fruit du temps et de l'expérience, et c'est ainsi que les siècles héritent les uns des autres. Mais tout en accordant notre reconnaissance à la mémoire des écrivains qui les premiers ont tenté de tracer la route et d'ôter quelques-unes des pierres qui l'obstruaient, pour ce que nous devons à leurs tentatives premières, car il serait injuste de leur demander plus qu'ils n'ont fait pour les temps où ils vécurent, ne conservons cependant point notre admiration pour les erreurs dans lesquelles ils sont tombés : notre admiration tiendrait alors plutôt à l'ignorance, à l'irréflexion et à la paresse de l'esprit qu'à une estime véritable.

Mais c'est maintenant une vérité de fait que la cause première et toujours renaissante des erreurs de tous les écrivains politiques, du vague de leurs opinions et de l'impossibilité de leurs systèmes, fut d'avoir toujours ignoré ou méconnu qu'il n'est ni organisation sociale, ni lois, ni gouvernement sans reconnaissance du *droit naturel*. En effet, le droit naturel est la base première d'où il faut partir dans la confection ou dans la connaissance des lois, sans quoi on ne tient rien; car c'est dans le droit naturel qu'est le principe de l'institution constitutive des peuples, et qu'on trouve la cause des lois. Aussi, ignorer ou méconnaître cette cause serait présentement, comme ces écrivains, s'exposer à méconnaître la nature et l'objet des lois elles-mêmes, qui ne sont que ses conséquences et son application aux rapports sociaux, et qui ne sont pas sans le droit naturel.

De toutes les sciences que l'homme doit à son intelligence, la *science sociale* est la première par sa nature, son importance et son utilité : elle a une application plus personnelle aux hommes que les sciences physiques, car elle ordonne la société même. Plus sublime dans son objet, c'est *l'homme moral* et *intellectuel* qu'elle a en vue d'après ses besoins sociaux, c'est de *l'homme*

qu'elle s'occupe, ce sont ses *rapports naturels*
et *nécessaires* qu'elle règle, ses *actions* qu'elle
dirige, sa *conservation* qu'elle assure, ses *besoins*
et ses *appétits* qu'elle détermine dans ses relations avec la communauté, sa *moralité* qu'elle
commande et maintient, ses *droits naturels* et
sa *liberté* qu'elle consacre et garantit. Science
tout à la fois physique et morale, théorique et
usuelle, elle est la plus belle des découvertes que
l'homme ait faites. Les découvertes dans les choses
physiques sont admirables sans doute, mais les
découvertes dans les choses sociales sont plus
précieuses encore. Tout ce que l'homme a fait
peut périr, ce qu'il a découvert peut se perdre,
mais l'homme, et les principes éternels de raison
et d'équité que la nature a placés en nous, sont
impérissables. Il suffit de jeter un moment les yeux
sur tout ce qui nous entoure pour se convaincre
que, si les lois de la nature sont éternelles dans
leurs causes, elles varient dans les modifications
que les choses matérielles subissent par des lois
secondaires subordonnées aux premières, tandis
que l'homme est toujours homme, et que les principes primitifs de *liberté*, d'*égalité*, d'*équité* et
des *rapports sociaux* sont immuables, constans,
universels et toujours les mêmes dans leurs effets,
parce qu'ils sont inhérens aux hommes et de la

même manière : on ne pourrait d'ailleurs conce-
voir l'homme sans ces principes, non plus que ces
principes sans l'homme.

Sublime de sa *nature*, admirable par ses *principes*, nécessaire par l'*objet* qu'elle se propose,
usuelle par son *application* à tous les hommes, la
science sociale est donc la première des connaissances : elle est encore la plus belle science dont
la raison puisse se glorifier, et dont l'étude soit la
plus propre à satisfaire l'esprit. Quelle connaissance
plus nécessaire que celle qui apprend à l'homme
ses *droits* et la *règle de ses devoirs !* Quelle connaissance plus admirable que celle fondée sur la
science de l'homme, et dont les principes sont
puisés dans son *étude !* Quoi de plus propre à occuper le sage, et de plus digne de ses méditations ! Religion du citoyen et expression des besoins sociaux
par la volonté publique, les lois sont le *régulateur*
de chacune des actions des hommes en communauté, et de leurs rapports dans la république.
Sur les lois reposent l'union entre les citoyens, la
sécurité des familles, la morale publique et privée, la sûreté et la tranquillité des personnes, le
maintien de la propriété, la liberté publique et
individuelle, l'égalité sociale, la félicité commune, la prospérité des peuples, l'harmonie entre
les nations, la conservation de leurs droits et de

leur indépendance, la société même. Les lois ont seules une *justice*, une *équité*, une *modération* et une *sagesse* toujours constantes ; car, « les lois » ne sont pas de purs actes de puissance, ce sont » des actes de sagesse, de justice et de raison (1).» C'est dans leur *uniformité* et leur *action* sur tous dans la république que se trouve l'équilibre entre la liberté et l'autorité exécutive. Ne sont-ce pas les lois qui assurent la *liberté personnelle*, le bien le plus précieux de l'homme et le premier de ses droits naturels ; l'*égalité*, cette sage et bienfaisante institution sociale ; l'*exercice libre* des facultés physiques et intellectuelles ; l'*indépendance de la pensée*, propriété personnelle ; la *contribution commune* aux besoins publics ; la *répression égale* des délits ; le *droit de chacun* aux droits de tous ? ne sont-ce pas les lois qui veillent à ce qu'il ne soit pas donné aux *lois* des interprétations qui en dénaturent ou en affaiblissent la lettre, l'esprit ou le sens, et qui détournent ainsi de leur source les *bienfaits* que les lois, quand elles commandent seules, assurent aux peuples ; car il faut, en quelque sorte, des lois aux lois mêmes, pour qu'elles ne s'affaiblissent pas, et pour que, leur puissance réfléchissant des unes sur les autres, elles maintiennent mutuellement leur *auto-*

(1) **Projet de Code civil.**

rité? ne sont-ce pas les lois enfin qui *constituent* les peuples, et qui *étendent* leur durée? Aussi le législateur, qui ne fait pas de l'existence des lois et de leur observation la *religion du citoyen*, n'est point législateur.

Que l'homme s'énorgueillisse de ce qu'il a trouvé ou deviné beaucoup des lois de la nature physique; d'avoir su appliquer leur connaissance à ses besoins, puisque l'utilité, la grandeur, la variété même des sciences où il a consigné ces lois, sont réellement dues à son intelligence, à sa pénétration, à sa sagacité : mais quel sentiment plus juste de fierté pour l'homme d'avoir su, par la connaissance de lui-même, régler ses rapports avec ses semblables dans la société! « Comme les » abeilles, dit Cicéron (1), se réunissent pour » former des ruches par suite de cette réunion » qui appartient à leur nature, il faut dire des « hommes, et avec bien plus de vérité, que, » rassemblés également par la nature, ils n'agis- » sent et ne pensent que par une conséquence du » besoin impérieux de vivre en société ; d'où je « conclus que toute science, qui ne se rapporte » point au maintien et à l'intérêt de la société, » est isolée, vague et sans consistance. Ainsi tout

(1) Dans son livre *de la République.*

» ce qui tend au bien-être de la société, est pré-
» férable à des connaissances purement spécula-
» tives. »

La *législation*, comme la morale dont elle est
le fondement, peut être soumise à une analyse rigoureuse, et ses *principes* sont susceptibles
d'une démonstration pour ainsi dire mathématique.

Les principes de la législation sont *universels*,
et plus *simples* qu'on ne le croit communément :
c'est notre ignorance de ces principes qui nous les
montrerait divers et compliqués. N'admettons
pour principes que les *vérités* qui découlent de
notre nature, les seules qui soient fondamentales,
et nous verrons que les principes législatifs sont
les mêmes pour tous les *climats*, et qu'ils se ré-
duisent à un *petit nombre*; et, comme leur évidence est incontestable, le bon sens en tirera facilement des conséquences aussi rigoureuses que
justes, applicables à *tous les peuples*.

Si nous ouvrons le livre de la nature, si nous
consultons les faits que ses lois invariables y ont gravés en caractères indestructibles, nous y trouvons,
premièrement, que le sentiment du plaisir et de
la douleur est le moteur de tout ce que l'homme
éprouve, la cause de ses affections; que de ce sentiment naissent en lui les jugemens qu'il porte, les

appétits qui le guident, les penchans qui le maî-
trisent, les volontés qui le déterminent ; *secon-
dement*, que l'organisation physique de l'homme
et la nature de ses besoins sont la cause universelle de son droit naturel, de sa sociabilité, conséquemment de ses droits primitifs, de ses droits
sociaux et de ses rapports dans la république
comme citoyen. En effet, ses *besoins* sont le
principe de tout en l'homme : c'est à ses besoins
qu'il doit le développement de son intelligence,
l'emploi de ses forces, les rapports qui le lient à
ses semblables, les lois, le gouvernement, l'a-
griculture, l'industrie, les sciences, les arts, la
civilisation et la connaissance de lui-même. Que
de choses admirables nées d'une simple cause physique!

Ces deux vérités fondamentales de tous les
principes politiques (qui en découlent forcément,
et qu'on ne pourrait rejeter sans rejeter la vérité
même), ont été portées jusqu'à l'évidence par
Sieyes, l'un des plus célèbres fondateurs de notre
révolution, dans sa *Reconnaissance et exposition raisonnées des droits de l'homme et du citoyen* (1), écrit aussi fort de dialectique et de

_____

(1) Voy. Législation constitutionnelle Iʳᵉ. partie : *déclarations françaises.*

raison qu'admirable par le bon sens, et qui renferme en quelques pages les élémens de toutes les
vérités sociales premières : il est le commentaire
le plus digne des *déclarations* et des belles législations dont j'ai tiré les APHORISMES qui composent ce livre. C'est le génie de la raison précédant
et éclairant le génie du législateur.

En *législation*, les principes fondamentaux
sont tout à la fois des *préceptes* de conduite privée, des *règles* pour la gestion des affaires publiques, une *mesure* propre à juger de la bonté
des lois auxquelles ils se rapportent, et l'esprit
des lois en général. Comme *maximes de doctrine*, ils se gravent plus facilement dans la mémoire, et facilitent l'application des lois; comme
principes, ils rappellent sans cesse à leur esprit.
Sans surcharger la mémoire de définitions et de détails comme font les lois, ils guident le jugement
et le fixent dans les cas fondamentaux : ce sont
des points lumineux qui éclairent tout ce qui se
trouve dans la circonférence de leurs rayons, et
qui entraînent à leur centre de lumière tous les
corps qui en sont frappés. C'est ainsi qu'ils réfléchis-
sent la lumière sur les lois et sur leur application,
et que d'un seul point ils embrassent tous les cas
de détails qui s'y rapportent. Vérité qui s'applique également à la politique et à la morale,

inséparables de la législation, et division de la même branche d'une seule science, la *science sociale.*

Ce qui ne serait que définition ou disposition législative réglementaire ne peut faire partie de ces principes fondamentaux. Leur *nature* est d'être élémens primitifs, leur *caractère* est l'invariabilité, leur *utilité* est dans l'évidence, la justesse, la concision et la clarté. On n'y doit pas omettre ce qui peut faire maxime ; on ne doit y trouver que ce qui est principe fondamental : car il vaut mieux négliger quelques pensées pour n'y comprendre que ce qui est réellement doctrinal.

« Le meilleur moyen d'obtenir une déclaration » des droits bien complète, dit *Condorcet* (1), » serait d'encourager les hommes éclairés à en » dresser séparément un modèle. En comparant » rant entre eux ces différens ouvrages, non-seulement » lement on jugerait de l'ordre plus ou moins » méthodique dans lequel les droits seraient exposés, » sés, de la clarté plus ou moins grande du style ; » mais on connaîtrait tout ce que ces différens citoyens » toyens regardent comme faisant partie des droits » de l'homme, et ce serait le moyen le plus sûr » pour les connaître tous, non pas peut-être dans » leur étendue réelle et absolue, mais dans l'éten-

(1) *Idées sur le despotisme.*

» due où l'état actuel des lumières permet de les
» porter. Chaque rédacteur se bornerait à exposer
» les droits avec des motifs simples, exprimés en
» peu de mots, comme on le voit dans la décla-
» ration de Virginie. Mais, sur les droits qu'on
» peut regarder comme douteux, ils pourraient,
» dans des notes séparées, se livrer à des discus-
» sions plus étendues. La difficulté de reconnaître
» tous les droits de l'homme, de les exposer avec
» clarté et avec méthode n'est pas la seule que
» présente un ouvrage de ce genre; il doit être fait
» de manière qu'en évitant la prolixité et les dé-
» tails minutieux, chaque droit soit tellement
» exposé, que toute violation grave de ce droit
» soit évidente, susceptible d'une démonstration
» simple, et à la portée de tous les esprits. Il
» faudrait encore avoir soin de séparer ce qui est
» la partie essentielle de chaque article, ce qui
» énonce le droit des motifs qui le font regarder
» comme faisant partie des droits naturels de
» l'homme. Enfin, cette énonciation devrait être
» telle, qu'après avoir formé, par la comparaison
» de ces différentes esquisses, une liste complète
» de ce qu'on regarde comme faisant partie de
» ces droits, on pût faire délibérer une grande as-
» semblée par oui ou non sur ceux qu'elle croit
» devoir être compris dans une déclaration des

» droits, ou qu'elle juge soit chimériques, soit
» exagérés. Il serait à désirer que ces esquisses
» fussent rendues publiques par la voie de l'impres-
» sion ; il y aurait en cela un double avantage,
» celui de les soumettre à la censure de tous les
» citoyens, et de profiter des lumières qui en
» peuvent naître, et celui de pouvoir dire qu'on
» n'a négligé d'examiner aucun des droits qu'un
» seul des membres de l'état aurait pu vouloir
» réclamer, puisque ce serait alors (vu cette
» publicité) par le fait seul de sa volonté que
» tel droit, qu'il croit réel, n'aurait pas été sou-
» mis à la discussion. »

Les principes fondamentaux de la société sont
ces élémens primitifs de *raison*, d'*équité* et
d'*expérience*, dont l'évidence frappante est, le
plus communément, plutôt appréciée par le
simple bon sens que peut-être encore par la réflexion.

Si on examine donc les vérités évidentes et dé-
duites du simple bon sens qui ont servi de bases
aux APHORISMES (1), aphorismes qui, à leur tour,
sont devenus l'expression de ces vérités, il est facile, non-seulement de voir qu'ils sont tirés de la
nature même de l'homme et des droits du genre

(1) Qui forment la *doctrine sociale*.

humain, mais encore de découvrir les principes sur lesquels ils reposent, et d'en déduire les conséquences qui en découlent naturellement. Ainsi :

1°. Dans l'organisation de l'homme, dans son penchant naturel à être heureux, dans son désir constant à le devenir, dans sa persévérance à y travailler est le principe de tout l'ordre social, la société étant en faveur de l'homme, non formée à son détriment. La société a pour élément et pour but la *conservation physique et morale des hommes* ; car elle a pour principes les besoins et les rapports des hommes, causes de leur sociabilité. Toute loi, toute institution, tout acte d'exécution, qui ne tendent pas directement ou indirectement à cette conservation, s'écartent conséquemment de la nature de la société, et sont un attentat contre l'espèce humaine. La société ne peut se maintenir que par des conventions ou lois, basées sur l'équité, raison universelle qui sert de règle à tous les hommes. En effet, l'esprit de société est l'esprit de justice ; car il repose sur une bienveillance commune et sur l'équité envers chacun. Tout doit donc tendre à l'harmonie sociale ; les lois, les institutions, les mœurs, l'esprit public, l'autorité exécutive : s'il y a discordance entre eux, la communauté n'est plus qu'un composé d'élémens hétérogènes, qui se nuisentet s'entrechoquent nécessairement et sans cesse dans le jeu de la machine politique. Le fondement de la science du gouvernement est le bonheur social : hors de là, il n'y a point de gouvernement, mais tyrannie ou despotisme.

2°. Comme l'homme, les *peuples* ont le droit de veilller à leur propre conservation, parce qu'ils ont la faculté d'agir et la volonté qui dirige l'action., sans quoi ils ne seraient plus peuples. Ce droit découle de leur souveraineté, parce que la souveraineté réside dans la faculté de volonté et d'action. Tout ce que l'instinct de la conservation leur indique donc pour assurer leur existence est une impulsion naturelle, et tout ce qu'ils font pour assurer leur existence est une faculté naturelle et un droit inaliénable : aussi, tout ce qui tendrait à les en priver serait un abus de la force, un acte tyrannique, un attentat du despotisme, et conséquemment un crime de la violence ou de la ruse.

3°. De l'organisation physique de l'homme naissent ses besoins, et par eux sa sociabilité naturelle, d'où dérive la société, conséquemment la *souveraineté des peuples,* qui a ainsi pour élémens la nature de l'homme et l'union des hommes en communauté (1).

(1) C'est dans les faits et non dans les livres qu'il faut

4°. La souveraineté, résultant du fait même de la réunion des hommes en corps de nation, est *indivisible*, car elle est le caractère de leur réunion comme peuple, et elle est *inaliénable*, car le peuple cesserait d'être peuple.

5°. L'homme est social par nature et essentiellement : son organisation, ses besoins et les appetits qui le dirigent, les rapports nécessaires et forcés qui naissent de ses besoins sont les élémens de sa sociabilité naturelle, étant des conséquences rigoureuses de sa nature. Comme être physique, l'homme est social par son organisation ; comme être moral, par ses facultés intellectuelles. Ainsi, l'état social est naturel, nécessaire, inhérent à l'espèce humaine ; il est l'état permanent des hommes, et il fut de tous les temps. La société ne peut donc détruire les *droits naturels*, dont la collection forme le droit naturel, qui les comprend tous, mais seulement les diriger dans l'in-

chercher la cause de la souveraineté des peuples et les principes sociaux nés de cette cause : ce ne serait donc pas dans les définitions inexactes ou obscures qu'on a données de la société, mais dans la nature même des choses, qu'on doit examiner la société, pour savoir en quoi réside la souveraineté des peuples, et par suite les droits politiques des citoyens, la puissance législative, et le gouvernement de la république.

térêt commun ; car, droits primitifs antérieurs à
toutes conventions sociales, propres à tous les
hommes, les droits naturels sont des facultés inhé-
rentes aux hommes comme hommes, parce qu'ils
les tiennent de leur nature même, et elles leur
sont naturelles comme êtres intelligens. L'exercice de ces droits est déterminé en l'homme par
l'acte même de sa volonté combinée avec l'instinct de sa propre conservation : il appartient
à l'instinct même. Les droits naturels, ou autrement le droit naturel, ne font point règle légale
pour l'homme; mais ils sont avec l'équité, qui
est obligatoire moralement, les principes fondamentaux des lois, lesquelles obligent civilement.
Ainsi, le libre exercice des droits naturels est de
droit naturel; se soumettre à ce que la raison
indique aux hommes pour vivre entre eux selon
la justice, est d'équité; se conformer à la volonté
de la loi est d'obligation sociale. Que les droits
naturels et les préceptes de l'équité soient donc
textuellement exprimés dans les lois, ou que des
dispositions des lois soient des conséquences directes des droits naturels ou de l'équité, ils deviennent des dispositions législatives sans perdre leur
caractère primitif.

6°. L'*égalité sociale* découle de l'égalité naturelle, et l'égalité primitive des hommes provient

d'une origine semblable dans l'espèce humaine,
que l'état de société ne peut jamais détruire. La
loi qui tendrait à en effacer le caractère, attenterait autant à la nature qu'à la dignité de
l'homme.

7°. Les *fonctions publiques* sont le seul caractère distinctif entre les citoyens, et les titres atta-
chés par la loi aux fonctions publiques ne sont
que la dénomination même de ces fonctions, et
n'ont d'autre durée que celle des fonctions.

8°. De ce que les hommes naissent égaux, ils
naissent également libres ; car la liberté est une
faculté inhérente à l'homme, et cette faculté est
une émanation de leur nature, qui est égale.
La *liberté* tient au moi individuel ; car tout être
organisé doit pouvoir agir selon la direction de sa
nature, ou il ne pourrait être ; tout être intelligent
doit se diriger selon sa volonté, ou il serait un
être imparfait : la liberté est donc une propriété
personnelle, identique à la personne, inséparable
du moi individuel ; l'en séparer, s'il était possible,
serait détruire l'ouvrage de la nature. La liberté
peut seule rendre les hommes heureux ; et comme
la liberté veut des hommes, tout ce qui tend à
affaiblir ou à dégrader l'homme est contre la
liberté.

9°. La liberté est inhérente à la nature de

l'homme, et fait partie de son existence : la liberté de la personne n'est point conséquemment une *propriété* que l'homme puisse aliéner, sans cesser d'être homme ; mais l'engagement du temps, des soins, des services est une industrie, dont le salaire convenu est le prix, et un emploi volontaire de la personne, justifié du moins par le besoin de pourvoir à l'existence.

10°. La liberté que les citoyens ont de se réunir en *sociétés partielles* découle du droit naturel de chaque membre de la cité, du fait de l'association sociale, est inhérente au droit de souveraineté, dont elle est un exercice, enfin une garantie de la liberté publique. C'est aussi un devoir indispensable de l'homme libre et du citoyen de s'occuper sans cesse de ce qui se fait dans la république, de ce qui doit être dans l'ordre naturel des sociétés, de ce qui peut assurer la liberté des hommes, conséquemment le bonheur des peuples, en mettant à profit l'expérience des temps passés et les lumières des temps présens.

11°. Toute *industrie* tient au droit naturel, et fait partie de la liberté individuelle; car toute industrie émane de l'intelligence, et est une propriété née de l'action.

12°. Garantie de la société, et conséquemment des mœurs, de la sûreté et de la santé de chacun de ses membres, la loi doit surveiller les *professions* qui peuvent intéresser les mœurs, la sûreté et la santé des citoyens ; mais l'autorité de la loi se borne à cette surveillance, autrement elle contreviendrait à la liberté d'industrie, qui est un des droits naturels de l'homme et du citoyen.

13°. Toute gêne apportée à la *liberté locomotive*, liberté d'aller, de rester ou de partir, ou transport libre de la personne, est un attentat à la liberté individuelle, conséquemment au droit naturel ; car l'homme n'est point une plante attachée au sol où il est né, mais un membre de tout le territoire de la communauté, un être moral et intelligent, en qui la volonté est la cause déterminante de l'action.

14°. La faculté de penser tient à l'organisation de l'homme, et la transmission de la pensée est une faculté dépendante de sa conformation : la *manifestation de la pensée* est ainsi une conséquence essentielle de la nature de l'homme, et la liberté d'émettre ses pensées par la parole, l'écriture ou l'imprimerie constitue en partie le droit naturel. Or, comme le droit naturel a son principe dans la nature de l'homme, et n'est autre que le droit à l'exercice des facultés naturelles, cette liberté n'est point, en ce sens, une conséquence de la société, ni une concession des lois, mais une propriété inhérente à l'homme, comme émanée de son organisation même, ainsi que l'action et tout ce qui le constitue. Attenter donc à cette liberté c'est attenter à la vie intellectuelle, c'est tuer l'homme moralement, crime bien plus grand que l'homicide physique ; car en lui laissant la vie on le priverait de ce qu'il y a de plus admirable en lui, la raison, qualité qui en fait une espèce particulière parmi les êtres organisés, et qui le distingue de la brute. Donc, la seule gêne de la liberté de la presse est un crime envers la nature de l'homme et envers la raison ; la censure, invention du despotisme, est un piége de la loi, à qui elle ôte son caractère de probité.

15°. La confiance entre les citoyens est le garant de la sûreté personnelle, de l'ordre et de la tranquillité publics ; elle est l'âme de la *police,* laquelle se rapporte à l'ordre et à l'honnêteté publics, et est essentiellement conservatrice et préservative.

16°. La *maison du citoyen* est un lieu inviolable, où la loi seule peut autoriser l'autorité à pénétrer pour des motifs prévus d'ordre public, mais pendant le jour seulement, autrement il n'y aurait pas de sûreté individuelle, mais tyrannie.

17°. La *propriété* tient de si près à l'homme, qu'elle peut être considérée comme en faisant partie : c'est sous ce rapport que la tranquillité publique et la sûreté de la possession reposent sur le maintien de la propriété, et que la propriété est inviolable. Cependant, lorsqu'il s'agit de l'intérêt commun, il n'est point d'intérêt particulier qui doive s'y opposer, du moment que l'indemnité dédommage de la privation qu'on éprouve ; autrement, les travaux demandés par l'intérêt commun, comme routes, chemins, canaux, places, établissemens et monumens publics, ne pourraient être exécutés, si l'intérêt privé pouvait s'opposer à leur confection, par la raison qu'il ferait préférer la possession de la propriété privée à des établissemens utiles pour tous.

18°. Le *droit de pétition,* garant des droits naturels, est le recours à la puissance-législative contre les abus ou les vexations de l'autorité, et un avertissement à l'autorité contre l'illégalité de ses actes. Attenter à ce droit, c'est attenter à la dignité de l'homme et à la qualité de citoyen.

19°. Dans la *garantie sociale* est la liberté publique et la conservation de la société.

20°. Dans la puissance et l'action de la loi est la *garantie personnelle.*

21°. La mise en commun des droits naturels de chacun des membres de la communauté forme la société ; le but de la société est la conserva⁻

tion de ces droits dans l'intérêt personnel et dans l'intérêt public ; toute autorité dans la république est créée pour le maintien de la volonté nationale, ou la loi, qui est le moyen conservateur des droits naturels de l'homme et du citoyen ; elle est créée pour faire jouir la Cité des avantages de son organisation et de ses institutions : donc, *résister à l'oppression* est un droit résultant de l'association, une défense naturelle, un devoir indispensable, puisque opprimer un citoyen ou la république, c'est attaquer la communauté dans son principe de vie. La résistance à l'oppression est dans le cœur de l'homme (1).

(1) On ne contraint pas d'ailleurs plus impunément les lois éternelles et immuables qui font la société, c'est-à-dire les droits naturels des hommes, que les lois dans l'ordre physique : tôt ou tard ces lois impérissables reprennent leur cours, car leur puissance est indestructible ; et, selon que l'opposition à ces lois a été plus ou moins grande, la patience plus ou moins prolongée, le retour à ces lois est plus ou moins violent et terrible. La force et la violence sont de leur nature de peu de durée ; l'ordre naturel des choses est constant et de tous les temps. En vain les passions, la volonté de la domination et la cupidité ont voulu établir d'autres maximes, le sentiment ou plutôt l'instinct de la liberté naturelle rappelle toujours les hommes à la défense de leurs droits, parce que ce sentiment est dans le cœur de l'homme, et cet instinct tient à sa nature : l'un et l'autre sont la

22º. Loi ne peut jamais ce que le droit commun et le bon sens condamnent, et encore moins l'établir ou le tolérer contre l'intérêt public, la liberté et l'égalité individuelles, comme feraient des *distinctions de naissance,* des *priviléges* et des *avantages* particuliers de corporations (1).

23º. Les religions doivent être considérées politiquement, et dans leur nature et dans leur objet, c'est-à-dire dans leur cause, et comme dogme et comme culte : d'où la religion, qui est la croyance intérieure à un être créateur et moteur de l'univers; le dogme, qui est la doctrine propre à chaque secte religieuse, et le culte, qui est la pratique extérieure de la croyance. La religion, ou la croyance, est hors du domaine de la loi et de l'autorité; c'est une affaire personnelle entre l'homme et sa raison : sa conscience seule doit l'y diriger. Le dogme ne devient du ressort

conscience morale du moi personnel. Aussi, un peuple sans énergie, et chez lequel le citoyen ne dit plus *malo periculosam libertatem quam tranquillum servitium,* se rend méprisable; car il justifie le despotisme, et il perd sa qualité de peuple : il est un être dégradé dans l'espèce humaine, puisqu'il est contre sa nature et sa destination.

(1) *La noblesse,* a dit Machiavel, *est une vermine qui carie insensiblement la liberté.*

de la loi et de l'autorité qu'autant que sa doctrine serait contraire aux lois, à la justice ou à la paix publique. Le culte est soumis à l'action de l'autorité sous le rapport de l'observation des lois et de l'ordre. S'écarter de ces principes, que le simple bon sens enseigne, c'est dénaturer toute idée saine de la nature des choses dans l'esprit des hommes, c'est les exciter à réclamer ces principes par la force, ou les porter à les méconnaître, lorsque leur raison irritée ne voit plus que l'indifférence pour toute religion ou le mépris pour tout culte qui puisse venger ses droits méconnus. La société, comme état, n'a point de religion, en ce sens que, quelle que soit la croyance du plus grand nombre des citoyens, cette croyance est toujours individuelle relativement à la croyance différente d'autres citoyens, et que toute croyance religieuse caractérise les personnes comme individus, non comme citoyens; car il s'agit ici d'une chose essentiellement dépendante du jugement et de la volonté seule de l'homme, ce qui ne se pourrait dire des rapports sociaux. Le mal serait donc de méconnaître que, civilement considérées, les religions ont pour principe la croyance individuelle, non les bases fondamentales de la société, et que les cultes sont des pratiques religieuses extérieures, non des insti-

tutions politiques, conséquemment que les religions et leur libre exercice sont du ressort seulement de la police, non des matières d'état. Tout
le reste est erreur ou préjugé d'éducation, comme
prétendre le contraire est ignorance ou mauvaise
foi. La croyance religieuse est de droit naturel,
et la *liberté des cultes* tient à la liberté naturelle,
qui découle de ce droit ; la surveillance de l'autorité est l'action publique nécessaire dans l'intérêt de tous : le législateur ne doit donc qu'établir
la surveillance ; car il est si naturel que chacun
soit libre en matière de religion, que la tolérance est même un outrage au bon sens.

24°. La *constitution* est le mode de la vie
sociale d'un peuple : prescrivant les conditions
de l'association, c'est aux peuples à faire leur
constitution, parce que c'est aux membres de la
société, et à eux seuls, à ordonner les règles
selon lesquelles ils veulent vivre en communauté, et d'après lesquelles est organisée l'autorité
publique, qui doit faire exécuter la volonté nationale ou les lois. C'est donc aux peuples à faire
leur constitution : autrement, telles favorables
que paraîtraient les lois, elles ne seraient toujours
que la volonté des rois, et emprégnées de leurs
intérêts propres. Mais la constitution ne sera
bonne et stable qu'autant qu'elle sera conforme

aux principes éternels des sociétés, que la dignité de l'homme et la liberté des citoyens y seront respectées, et qu'elle sera la source des bonnes lois et la cause permanente des bonnes mœurs.

25°. La constitution étant l'acte de société d'un peuple, il faut la volonté du peuple pour *modifier* ou pour *changer* la constitution. Toute autorité dans la république, même la puissance législative, n'est qu'une délégation par la loi constitutionnelle, et n'a conséquemment pas le droit de changer en tout ou partie la loi par laquelle elle est : ce serait attenter à la souveraineté nationale et à sa volonté.

26°. Une *surveillance continuelle* à la conservation des principes fondamentaux de la constitution assure la perpétuité de la république.

27°. La volonté du peuple est la loi suprême, et cette volonté ne peut se manifester que par une *assemblée* créée par elle et qui la représente directement quand il s'agit de modifier ou de changer la constitution, ou d'y ajouter, soit que le changement soit demandé par l'expérience qui aurait fait découvrir des vices, des inconvéniens, des lacunes, soit qu'il provienne du seul acte de la volonté nationale ; car aucune puissance n'est au-dessus de la souveraineté nationale,

et la législature n'est que pouvoir constitué,
et non pouvoir constituant, lequel est seul hors
de la loi et la souveraineté elle-même.

28°. Les lois sont des actes de souveraineté, et
le peuple étant le souverain, nul autre que lui ne
peut faire les lois ; les lois sont la conscience
publique, et nul autre que le peuple ne peut
et ne doit manifester cette conscience ; les lois
sont l'expression de la volonté publique, et nul
autre que le peuple ne peut et ne doit exprimer
cette volonté. C'est par conséquence de ces principes qu'à la *législature* seule, corps compose
des représentans du peuple, appartient l'exercice
plein et entier de la puissance législative.

29°. La *loi* a pour élément le droit naturel, et
pour principe l'équité : toute loi qui s'en écarte
est injuste et odieuse, et n'étant pas loi ne peut
être obéie. La loi émane des besoins des hommes :
volonté publique et règle commune, elle détermine et ordonne, dans l'intérêt de la communauté, les divers rapports sociaux qui découlent
de leurs besoins. La loi est obligatoire comme
règle conventionnelle, et emporte contrainte.
Toute loi générale est juste en ce sens qu'elle
est commune à tous. Les exceptions fondées sur
la justice, portées dans les lois, sont dans l'ordre
social, assurent le maintien des lois, et facilitent

leur exécution. Toute exception aux dispositions textuelles ou générales de la loi, autre que celles fondées sur la justice et dans l'intérêt public, et ordonnées par la loi, est une injustice particulière et une contravention au droit commun. L'interprétation contraire à la lettre ou à l'esprit de la loi est un attentat à la majesté des lois. Les lois ne sont point exécutées lorsqu'on néglige de les faire observer, ou lorsqu'on leur donne des exceptions : c'est proprement éluder les lois. Toute rigueur non autorisée par la loi est un crime. L'exécution fidèle des lois est dans la douceur, l'impartialité, dans l'équité même de l'exécution. Il n'y aurait plus de stabilité dans la législation si une loi devait toujours être interprétée par une autre loi. Les lois sont le conservateur de toute liberté ; elles sont proprement le remède à l'anarchie et au despotisme ; et la liberté est la source des bonnes lois. Il est bien essentiel de ne pas confondre les choses qui doivent être réglées par les lois avec celles qui sont des objets de réglement de l'autorité ; sans cette distinction très-importante on surchargerait la législation d'une foule de règles de détails qui ne sauraient y être comprises, on entraverait l'exécution des lois, on attenterait à la majesté de la loi, on dénaturerait la législation. La multiplicité des lois est aussi nuisible que leur absence; car si leur absence laisse les hommes à leur indépendance ou à l'arbitraire, leur multiplicité accable les citoyens et empêche l'exécution des lois : la multiplicité des lois garotte les citoyens, leur absence les laisse sans liens sociaux; dans le premier cas, ils ne peuvent agir par excès de devoirs; dans le second cas, il n'agissent que par appétits naturels, ou que d'après les volontés d'un maître.

30°. Les *lois* sont des moyens d'exécution de la constitution, première loi d'un peuple, et le fondement et le régulateur de toute sa législation : *administratives,* elles statuent sur les personnes comme membres de la république, et sur les propriétés comme élémens de la richesse publique; *judiciaires,* elles statuent sur les personnes comme membres de la famille, et sur la propriété dans l'intérêt privé des personnes.

31°. Le passé n'étant point et ne pouvant être en la puissance de l'homme, la loi, ouvrage de l'homme, ne peut atteindre des *actions* faites dans un temps qui n'est plus, et où la loi n'existait pas.

52°. La loi émanant de la volonté nationale, la puissance législative peut seule en *suspendre l'exécution*; car nul autre que le législateur ne peut en arrêter l'action.

53°. La *division des pouvoirs* est de l'essence

des peuples libres : leur réunion constitue le despotisme. La division des pouvoirs est la sauvegarde de la liberté, et le principe de vie sociale.

34°. Les *fonctions publiques* sont une délégation de la loi par la confiance publique : elles sont une charge imposée, un devoir, non un droit personnel, ni un privilége accordé.

35°. Les fonctions publiques sont *temporaires*, et de leur nature et par le droit de tous à ces fonctions, comme charges imposées par la confiance et non propriété concédée par la loi. Dans l'amovibilité des fonctions publiques est une garantie de la liberté.

36°. Établir dans la constitution des *distinctions* tirées de la naissance, de la propriété ou des professions, partager, d'après elles, les citoyens en classes, et établir ainsi des droits différens, c'est énoncer tout à la fois les droits des citoyens, et les en priver, dire que le peuple est libre et qu'il ne l'est pas, et se jouer de la bonne foi publique dans le plus important et le plus auguste des contrats.

37°. Sans le *concours de tous les membres* de la république à l'élection des représentans, il n'est point de représentation nationale ni de système représentatif; car la société est la chose de tous, ou la société n'est pas.

38°. La perpétuité de la république est toute dans la *bonté des choix* des citoyens pour la législature et les fonctions publiques.

3ç°. La représentation nationale est une fiction de la loi pour l'exercice du droit fondamental de tous les citoyens à la législation et à la chose publique, par conséquent elle a pour objet la participation naturelle de tous à être élus. La représentation ne saurait donc avoir d'autre élément que la *population,* car toute autre base que la population serait un attentat au droit naturel de l'homme en société. L'étendue territoriale ne pourrait déterminer cette proportion, puisque ce n'est point le territoire, mais ses habitans qui doivent être représentés ; la contribution ne pourrait aussi la déterminer, puisque la propriété, en elle-même et relativement, n'ajoute aucun degré à la qualité de citoyen, et que ce serait mettre la propriété, chose accidentelle et qui ne constitue pas l'homme, comme élément de sa qualité de citoyen ; les professions ne pourraient enfin entrer comme bases de la représentation, puisque les professions sont des positions personnelles des hommes en société, des moyens d'existence, non une qualité de citoyen, et que ce serait établir des corporations et des priviléges. C'est dans ce qui constitue la qualité de citoyen qu'est l'élément de la représentation, et non dans les causes politiques ou morales qu'on voudrait attribuer à la propriété et aux professions, car elles sont fausses, illusoires, subversives du droit naturel, et démenties d'ailleurs par les faits.

40°. Le régime représentatif a spécialement cela de bon que l'*opinion publique* est la puissance souveraine.

41°. La *liberté des délibérations* est la vie de la représentation nationale.

42°. Le législateur ne peut, sous aucun prétexte, *porter atteinte* ou *mettre obstacle* à l'exercice des droits naturels, que la société et les lois doivent toujours respecter inviolablement; car ces droits étant l'homme même, le fondement de la société et les élémens de toute législation, ce serait attaquer l'ordre social dans son principe, et saper les lois dans leur base, pouvoir que le peuple ne pourrait conférer, puisqu'il serait contre le but de l'association; mais quand le législateur établit des peines contre l'exercice préjudiciable de ces mêmes droits, il ne dépasse pas les limites de son pouvoir, il confirme au contraire les droits naturels.

43°. Point de moralité dans l'homme sans instruction. Premier besoin des peuples, l'*instruction* est un bien commun à tous, et l'instruction première une obligation du législateur; car pri-

ver une partie des citoyens de l'instruction, c'est
les priver de leur qualité d'homme. L'instruction
est l'auxiliaire du système représentatif dans la
constitution des peuples ; elle en est l'appui essentiel. La stabilité de la république et le régime
représentatif ne seraient pas suffisamment garantis
par la constitution et par les lois s'ils n'avaient
pour base l'instruction dans tous les membres
de la société ; car la stabilité de la république
et le régime représentatif reposent essentiellement sur la connaissance de ses droits et de ses
devoirs : ils ne seraient même que fictifs et illusoires si les lumières n'étaient le partage que
de certaines familles, puisque celles-là seules
jouiraient des avantages de la participation constitutionnelle à la chose publique, qui deviendrait
ainsi leur patrimoine. Cependant par instruction
il ne faut pas entendre les connaissances dans les
sciences et les arts, auxquels il serait physique-
ment impossible que tous indistinctement pus-
sent se livrer, mais cette instruction *civique*,
indispensable chez tous les peuples, compatible
avec toutes les professions, et sans laquelle l'homme
reste en butte à tous les préjugés de l'ignorance, à
toutes les erreurs des impressions étrangères, et
n'est plus qu'un instrument passif pour le législateur et l'autorité.

44°. La liberté d'enseigner, moyen le seul efficace pour le développement de la raison et les progrès de l'intelligence dans toutes les conceptions de l'esprit, tient au droit naturel comme tout autre exercice d'industrie. *L'enseignement* est une industrie libre : gêner cette industrie par des corporations et des établissemens réprimans, c'est mettre des entraves à la plus belle des professions, c'est attenter à la raison même, car en toute industrie les lois et l'autorité ne doivent qu'encourager et surveiller. Sa liberté doit donc être pleine et entière, ou l'enseignement devient un moyen de despotisme et son appui. Le droit de *former des sociétés* pour mettre en commun ses connaissances tient également au droit naturel de l'homme, qu'aucune loi ne peut gêner et encore moins empêcher.

45°. Les *secours publics* ont pour but de remédier à un mal présent, et d'atténuer pour l'avenir les causes qui portent à les réclamer. Le besoin a seul droit aux secours publics, sinon ils corrompent la moralité des citoyens. Le secours à domicile est le moyen naturel et politique de secours publics : son effet est de conserver la moralité parmi les hommes; il est temporaire de sa nature, et seulement la gravité et la durée des besoins en ordonnent la continuité, comme la nature des besoins détermine le genre de secours. Les hôpitaux et les hospices sont des moyens extraordinaires de secours publics : les considérer autrement c'est dénaturer leur institution, et corrompre (1).

46°. Le citoyen se doit à la défense commune, comme membre de la communauté ; et la défense intérieure et extérieure est d'obligation sociale, car elle résulte du fait de l'association politique. Dans la formation des citoyens en force armée réside naturellement et essentiellement la puissance défensive de la république : toute autre force militaire est contre le principe de la société et attentatoire à la liberté. Le *service militaire* est une contribution imposée par la loi à la personne, et la quotité contributive de la force publique aux besoins de la cité une contribution annuelle, dont ces besoins déterminent la proportionnelle des levées locales à leur population.

47°. Comme *soldats*, les citoyens sont la société veillant sur elle-même.

48°. La *monnaie* est une mesure conventionnelle, que la loi seule peut régler.

49°. Tous honneurs décernés à la mémoire des grands hommes sont un témoignage public de la reconnaissance nationale, et, comme *récompense*

(1) J'ai développé cette importante matière d'économie politique et de législation dans mes *principes d'administration publique*, dont il a paru une troisième édition en 1812.

publique, c'est à la législature, représentant la société, à les accorder : autrement une telle récompense perdrait son caractère de nationalité, et ne serait plus qu'un acte de récompense particulière, en devenant une faveur du gouvernement.

5o°. L'*indépendancepolitique* des nations est leur vie sociale : c'est donc au peuple seul à décider s'il lui convient ou non de rester en corps de nation, ou d'aliéner la propriété de son indépendance par l'incorporation à un autre peuple.

5i°. Les *traités* sont les lois des nations, les conventions de leurs relations dans leur intérêt commun, comme membres de la famille du genre humain ; et comme les traités règlent les rapports de nation à nation, nulle autorité que la puissance législative, représentant la souveraineté nationale, n'a le droit de prononcer sur l'état extérieur relatif de la société.

52°. La *guerre* étant un état forcé des nations et contre la nature des sociétés humaines, qui est la conservation, il n'y a que le maintien de la conservation de la république ou d'autres peuples qui puisse légitimer la guerre.

53o. L'*état de paix* ou *de guerre* étant la position politique d'un peuple, c'est à la puissance législative à décider cet état. Tout empiétement de l'autorité exécutive à cet égard est un attentat à la puissance législative, et l'abandon de ce droit mène au despotisme.

54°. Confier le *commandement général des armées* à un seul homme, c'est le porter à se rendre maître de ses concitoyens.

55°. L'*introduction* ou le *passage d'une force armée étrangère* sur le territoire pouvant compromettre la sûreté publique et l'indépendance nationale, c'est à la législature à juger des motifs de cette introduction ou de ce passage, et à les permettre.

56°. Les droits politiques dépendent de la qualité de citoyen; mais les *droits civils* tiennent à l'homme.

57°. Le *mariage* est personnellement dans l'intérêt de la famille, et politiquement il intéresse la cité comme établissant l'ordre dans les familles; et comme cause naturelle et permanente de population : essentiellement civil sous ces deux rapports, il est un fait de l'autorité, à qui seule appartient de constater l'état des personnes, et un acte indépendant de toute religion.

58°. Acte le plus important que l'homme puisse faire dans sa vie, le mariage est l'acte pour lequel sa *volonté* doive être la plus libre et entière; car il ne dépend pas dans le mariage, comme en tout autre acte civil, d'un intérêt passager, ou plus ou moins profitable, mais du bonheur de la vie entière dans telle position que la fortune place l'homme.

59°. *Contracter* est de droit naturel; mais ce droit est réglé par la loi pour sûreté de la bonne foi, et dans l'intérêt des transactions privées.

60°. *Déroger* dans les conventions particulières à l'ordre public ou aux mœurs, c'est agir contre l'esprit de société, en qui est l'harmonie sociale.

61°. Toute peine infligée par la loi étant une privation de la participation commune dans la personne du citoyen coupable, la justice de la peine est dans son rapport exact au délit. L'objet de la loi pénale est de punir en proportion du délit; mais son action s'arrête à la *privation de la liberté*, la plus grande des peines; car la loi ne peut recevoir de la volonté publique, dont elle est l'expression, aucun droit sur la vie du citoyen, la société n'ayant point elle-même ce droit : conséquemment la peine de mort est hors du pouvoir des lois; elle vient du despotisme et de la tyrannie, causes de la barbarie dans les nations.

62°. La *nature du délit* détermine la nature de la peine, non la qualité de la personne qui l'a commis.

63°. Tout délit étant une action personnelle,

la *flétrissure* ne peut dépasser la personne de celui qui s'est rendu coupable.

64°. Outre que la société n'a aucun droit sur la vie d'un de ses membres que lorsqu'il y a péril pour la société même, et que la loi doit avant tout respecter la vie d'un citoyen comme la chose la plus inviolable dans la république, il n'y aurait nulle proportion entre la vie de l'homme et telle offense individuelle dont il aurait pu se rendre coupable, et la *peine de mort* pour délits privés ne pourrait servir d'exemple pour arrêter le malintentionné.

65°. Un délit est une action, et toute action est un fait personnel; car elle émane de la faculté d'agir et de la volonté de celui qui la fait : tout délit étant ainsi personnel, celui-là seul est passible de la peine attachée par la loi au délit qu'il a commis. La *confiscation des biens* d'un citoyen jugé coupable serait donc une peine odieuse ajoutée à une peine légale et juste, en ce que ce serait moins encore le punir dans la perte de ses biens, que rendre sa femme, ses enfans, sa famille responsables d'un délit dont ils sont innocens, les punir eux-mêmes, et ajouter à leur douleur d'avoir dans la famille un parent flétri par la condamnation, l'abandon et la misère.

66°. L'autorité paternelle est la seule autorité

qui émane de la nature, encore a-t-elle pour
limites la faiblesse des enfans et la durée de leurs
besoins : l'autorité exécutive au contraire est
une fiction de la loi; car autrement sur quoi
reposerait un pouvoir qui, réduit à lui-même,
n'aurait que sa seule force physique pour se maintenir, et que toute force individuelle pourrait
renverser? Le *gouvernement* est donc une création
de la loi; il est l'administration générale; son
caractère est la direction et la surveillance; son
action exécutive est dans l'administration et la
justice.

67°. Le gouvernement étant le mandataire du
peuple pour l'exécution des lois, il lui doit, dans
la personne de ses représentans, le *compte annuel*
de la gestion qui lui est conférée par les lois; et
ce compte, tout à la fois de fait et moral, hom-
mage à la souveraineté nationale et devoir découlant de la nature des fonctions exécutives, em-
brasse tous les intérêts et toute la régie de la
république.

68°. L'*administration* est l'action exécutive du
gouvernement pour l'exécution des lois d'intérêt
général; elle veille dans chaque division du territoire aux personnes et aux biens dans leurs rapports publics, et les fait concourir à l'utilité
commune: essentiellement protectrice, la société

entière est l'objet de ses soins et de ses attributions. Son action est passive comme volonté, active comme exécution.

69°. La *justice* a pour objet l'application des lois d'intérêt privé : elle est gratuite de sa nature, ou elle cesse d'être une institution sociale. La *publicité* des jugemens est garante de la sûreté des personnes. Les *fonctions judiciaires* sont essentiellement temporaires, autrement elles sont un moyen de despotisme.

70°. L'*arbitrage* est une justice domestique et volontaire, et c'est comme tribunal domestique que l'arbitrage est un moyen de conserver les mœurs dans les citoyens.

71°. Tout *appel* des citoyens devant des juges autres que les juges légaux est un crime de tyrannie.

72°. Le juge n'étant que l'organe de la loi, doit prononcer en vertu de la loi quand la loi a statué, et il ne peut rendre de décision si elle est muette; car le juge n'est plus quand la loi n'est pas; autrement il suppléerait la loi, et se ferait législateur. C'est donc par la *voie légale*, et non par voie de doctrine, qu'il doit rendre ses jugemens. De plus, les lois seraient éludées s'il s'établissait, pour la décision même des choses abandonnées à la décision propre des juges, une légisconsultation qui pût devenir l'interprète naturel des lois : et quels maux ne résulteraient pas d'une légisconsultation orgueilleuse (1)

73°. Il n'y aurait plus de justice si le juge pouvait *arbitrairement* refuser de juger sous prétexte du silence, d'obscurité, ou de l'insuffisance de la loi.

74°. Sauve-garde de la liberté commune par cela qu'il est garant de la liberté individuelle, le *jury* est la justice des peuples libres : par lui est confié le dépôt précieux de la vie et de l'honneur compromis au désintéressement, à l'impartialité, à la justice, à la probité, au bon sens et au juge-

(1) Les légisconsultations (improprement nommées jurisprudences) forcent à juger mal, parce qu'on a mal jugé une fois, on a juger de la même manière dans des cas presque toujours différens. Non-seulement, comme l'expérience ne l'a que trop prouvé dans tous les temps et chez tous les peuples, les légisconsultations n'ont que trop communément servi de supplément aux lois, mais plus souvent encore elles ont jeté des doutes sur le vrai sens des lois, éloigné de leur esprit, remplacé même les lois : abus intolérable qui finit par tuer les lois et qui a sa source dans les passions, l'amour-propre et la vanité des hommes. Indépendamment de ce que les tribunaux peuvent se tromper sur la véritable application d'une loi, l'expérience a journellement prouvé que souvent plusieurs tribunaux jugent différemment d'après les mêmes dispositions de la loi, ce qui aurait le défaut notable de jeter des doutes

ment de l'équité ; par lui est éloigné de l'instruction judiciaire l'esprit de vengeance et de haine,
les menées sourdes et tortueuses de l'intrigue,
le crédit de la puissance et des richesses, l'iniquité
des jugemens et les passions du juge ; par lui est
respectée la qualité d'homme.

75°. La mise en accusation est un jugement
qui ne peut dépendre du jugement d'un seul
homme ; car ce serait compromettre la liberté et
la réputation des citoyens, telle présomption de
lumières et de probité que la confiance de la loi
accorde aux officiers publics. En matière criminelle, l'institution du jury n'est donc bonne et

et de l'incertitude dans les esprits. D'ailleurs, il est des
circonstances particulières qui ont pu déterminer les
juges dans telle espèce et les faire prononcer de telle
manière, tandis que dans une cause semblable les
mêmes juges prononceront différemment, et toujours
en jugeant bien selon l'espèce. Cependant voilà des
doutes bien réels sur l'interprétation vraie de la loi,
doutes qui finissent par tuer l'esprit de la loi par son
interprétation même. Le Code le plus simple ne saurait
être à la portée de tous les citoyens, dit-on : mais c'est
proprement le mystère que l'on fait de la science des
lois, non la science elle-même, qui en rend l'accès
difficile. Les décisions des tribunaux ne peuvent servir
qu'à indiquer au législateur les vices des lois ou les
lacunes qui s'y trouvent, mais jamais à leur étude.

entière que dans les deux degrés, *jury d'accu-sation* et *jury de jugement.*

76°. Le jugement par jurés étant la plus grande garantie que la société et la loi puissent donner aux citoyens en justice pénale, il n'y aurait plus de garantie pour le citoyen dans le jugement par jurés, ni de stabilité, ni de confiance dans les décisions des tribunaux, si le citoyen *absous* pouvait être remis en jugement pour le même fait pour lequel il avait été acquitté : absous par le jury, il est absous par la loi.

77°. Le *droit de grâce* conféré au gouvernement serait une infraction formelle à la loi, et un moyen de corruption donné à l'autorité exécutive ; ce serait établir la volonté d'un homme au-dessus de la volonté de la loi.

78°. Exercer l'*arbitraire* dans les fonctions publiques, c'est se mettre au-dessus des lois, et les violer ouvertement : crime capital.

79°. Tout homme dans la république chargé d'une fonction est l'homme de confiance de la communauté; autrement il serait l'agent de l'autorité qui le nommerait, et un maître imposé aux citoyens. Ce principe fondamental de la société ne peut jamais recevoir d'exception, que les fonctions soient des fonctions publiques qui intéressent toute la cité, comme les fonctions admi-

nistratives et judiciaires, ou seulement une portion des citoyens, comme sont les fonctions
concernant les cultes. C'est donc également aux
religionnaires à *nommer* les ministres de leur culte,
puisqu'ils sont leurs agens propres. En effet le
culte tient à la religion ; et toute religion étant
une croyance personnelle au citoyen comme
homme, non une institution sociale qui intéresse
la cité, les ministres des cultes sont conséquemment les agens particuliers de ceux qui suivent
telle ou telle religion, et comme tels doivent
être élus par eux seuls, car ils ne concernent
qu'eux. Tout principe contraire est destructif des
droits et de la liberté des citoyens, et il tend au
despotisme politique et religieux, si intimement
liés dans leurs moyens et dans leur but d'asser-
vissement et d'abrutissement.

80°. C'est aux religionnaires à *contribuer* aux
dépenses du culte de la religion qu'ils suivent ;
car les religions sont personnelles aux citoyens
comme hommes, et les contributions sont le
revenu public prélevé sur tous pour les besoins
de la société entière.

81°. *Habiter* un pays est se soumettre à ses institutions, à ses usages, et ne rien faire qui puisse
les choquer.

Les aphorismes que ce livre renferme sont

l'énoncé des *principes*, vérités sociales maintenant reconnues; et comme elles sont le résultat
de la philosophie de tous les temps, et des travaux
et des découvertes nouvelles de l'intelligence, l'esprit n'a plus à s'occuper de la recherche de ces vérités
premières, qu'ils proclament, mais seulement de
leurs conséquences qui peuvent manquer encore,
de la rectification de quelques principes établis, et
de la méthode dans leur arrangement. « Une décla-
» ration des droits, bien complète, bien ordonnée,
» bien précise, dit *Condorcet* (1), est l'ouvrage
» le plus utile peut-être qu'on puisse offrir aux
» hommes de tous les pays; mais cet ouvrage,
» semblable à cet égard aux tables qui représen-
» tent le mouvement des astres, ne peut atteindre
» sa perfection que du temps, du concours de
» plusieurs mains, et d'une longue suite de
» corrections, fruit d'un examen scrupuleux et
» réfléchi. »

« Il est deux manières de présenter de gran-
« des vérités aux hommes, observe très-bien
» lé profond *Sieyès* (2), la première de les leur

(1) *Avertissement* de sa Déclaration des droits. (Voyez
Législat. constit 1re déclaration française.)

(2) *Observations* qui précédaient sa reconnaissance
et exposition des droits de l'homme et du citoyen. (Légis.
const.)

» imposer comme articles de foi, d'en charger la
» mémoire plutôt que la raison ; beaucoup de
» personnes soutiennent que la loi doit prendre
» ce caractère : quand cela serait, une *déclaration*
» *des droits du citoyen* n'est pas une suite de lois,
» mais une suite de principes. La seconde ma-
» nière d'offrir la vérité est de ne pas la priver
» de son caractère essentiel, la raison et l'évi-
» dence. On ne sait véritablement que ce
» qu'on sait avec sa raison. Je crois que c'est
» ainsi que les représentans des Français du dix-
» huitième siècle doivent parler à leurs commet-
» tans.

« Il est aussi deux méthodes pour être clair,
» ajoute cet écrivain : la première consiste à re-
» trancher de son sujet tout ce qui exige de l'at-
» tention, tout ce qui sort des choses triviales
» que tout le monde sait d'avance. Il faut en con-
» venir, rien n'est plus simple et plus clair pour
» la foule des lecteurs qu'un travail exécuté sur
» ce plan ; mais, si l'on veut traiter son sujet, le
» présenter tel que sa nature l'exige, dire tout ce
» qui lui appartient, et écarter tout ce qui ne lui
» appartient pas, c'est à un autre genre de clarté
» qu'il faut aspirer ; celle-ci ne dispense pas l'at-
» tention. »

La forme *aphoristique* sous laquelle sont ces

principes, est sans doute moins séduisante que celle du discours, en ce qu'elle n'admet point ce qui constitue le discours et les mouvemens oratoires; mais elle a la gravité qui convient mieux à la sévérité de principes fondamentaux, qu'elle présente comme des maximes, des axiomes, des préceptes ou des sentences. Ce ne sont donc point ici de ces discours où la raison discute avec force, où l'esprit s'énonce avec éloquence, où les idées se suivent et s'enchaînent; de ces pensées dépendantes les unes des autres par le raisonnement, et qui forment une continuité de jugemens, de principes et de conséquences; mais des jugemens dont chacun, pris en particulier, est indépendant de ce qui précède et de ce qui suit, et est un tout par lui-même.

Le recueil de ces principes est le *livre* du citoyen et des peuples : la vérité, la raison, le bon sens, la connaissance du cœur humain et des règles éternelles des sociétés, l'expérience de la sagesse s'y trouvent. Les vérités sociales qu'il enseigne sont des vérités positives, indépendantes de toute opinion particulière et de toute police locale; et quand on se rappelle que ces principes furent la source des lois de deux grands peuples, quelle satisfaction ne donne pas leur étude !

Ce livre est peu volumineux par rapport aux matières qu'il renferme ; car sa nature est la substance des choses, et son caractère est la briéveté: *in tenui copia.* Composé des principes fondamentaux que les législateurs américains et français ont consacrés dans leurs lois constitutionnelles, il contient la sagesse des temps modernes. Monument impérissable des lumières des deux premiers peuples de l'univers, ces principes sont les filons d'or pur séparés de l'alliage de la mine; car telles précieuses que soient les lois d'où je les ai tirés, ces lois sont une voie pour parvenir à un code constitutionnel, mais non encore ce code. Pour cela il faut présenter aux hommes les vérités fondamentales, éternelles et universelles qui ont servi à la législation constitutive des deux premiers peuples qui posèrent dans leurs lois les bases vraies de toute société, et les présenter dégagées des dispositions législatives réglementaires, particulières aux lois de chacun d'eux.

Les principes que ces APHORISMES enseignent sont donc la *doctrine sociale* même, ces principes éternels dont on ne doit s'écarter jamais, auxquels il importe de rappeler sans cesse ; car « il » est nécessaire de recourir fréquemment aux » principes fondamentaux pour conserver les

» avantages inappréciables de la liberté (1); »
les seuls principes enfin qui puissent établir, conserver et étendre la liberté, et qui soient fondamentaux des droits du genre humain. Les vérités
qu'ils énoncent ne sont point l'ouvrage de la méditation et des recherches d'un philosophe, mais
des sages de tous les pays, et ce que les lumières
et la sagesse des premiers temps constitutionnels
ont découvert et reconnu de vérités éternelles,
constantes, universelles et inaltérables dans l'expérience des siècles, mais surtout dans l'étude
pure et profonde de l'homme. En les méditant, on
croit assister à un conseil de sages, et entendre
les oracles de la raison, on sent la puissance de
la vérité, on est rappelé à la conscience du bon
sens.

Ces principes tueront le despotisme et toutes
les tyrannies, car le despotisme s'use en se frot-
tant contre la liberté; ils déracineront les préjugés, car le jour de la raison dissipe les erreurs,
anéantit les systèmes, et *le temps use les erreurs
et polit la vérité* (2): ils deviendront la profession
de foi politique du citoyen et le dogme de la reli-

(1) *Constitution* des Américains de la Caroline septentrionale.

(2) Cet ancien adage sera toujours la consolation de
l'homme de bien.

gion sociale des peuples, comme ils seront toujours la philosophie des sages et la croyance de
l'homme qui sent sa dignité d'homme. Les nations qui les rejetteraient seraient indignes de la
liberté, et si les peuples les oublient jamais après
les avoir reconnus, ils seront tombés dans la servitude et retournés à la barbarie.

Maximes fondamentales du *dogme politique*,
ces APHORISMES sont la leçon de tous les peuples,
et les vérités que ces maximes expriment sont com-
munes à tous les hommes; car vouons à l'exécra-
tion cet axiome politique qui fait des hommes deux
espèces, l'une née pour commander, l'autre essentiellement faite pour obéir, et rejetons avec
horreur cette opinion anti-sociale qui admettrait
que tous les peuples ne peuvent être libres, que
toute l'espèce humaine n'est point propre à la liberté. Les hommes étant les mêmes dans tous les
lieux et dans toutes les conditions, les mêmes
vérités leur sont applicables, comme les mêmes
lois organiques leur conviennent. « Le but de
» l'union sociale est le bonheur des associés, dit
» *Sieyes*. L'homme marche constamment à ce but,
» et certes il n'a pas prétendu en changer lors-
» qu'il fut associé à ses semblables. Donc l'état
» social ne tend pas à dégrader, à avilir les

» hommes, mais au contraire à les ennoblir, à
» les perfectionner (1). »

Les hommes de toutes les contrées de la terre,
ayant les mêmes facultés, les mêmes besoins, les
mêmes penchans, les mêmes appétits, la même
organisation, sont tous également nés libres, et
pour être libres; car la liberté sociale n'est que la
liberté naturelle modifiée, laquelle tient essentiellement à leurs facultés physiques et morales,
à leurs besoins, à leur nature, parce qu'elle est
une conséquence forcée de ces choses. Dire qu'un
homme, qu'un peuple ne sont point propres à la
liberté, parce qu'on les en prive, c'est dire qu'un
homme ne saurait être propriétaire d'une chose
à lui appartenant, qu'on l'aurait empêché de jamais posséder; c'est calomnier l'espèce humaine.
La force et la violence ne font jamais droit, et
ne peuvent non plus prescrire un droit réel. Les
hommes ne sont dissemblables par les climats où ils
vivent que quant aux besoins de la vie et à leur
caractère particulier, mais non quant à ce qui
constitue l'essence de leur nature; et la liberté est
une émanation de leur être, et en fait partie; ils
ne sont dissemblables entre eux que quant à leur
différence physique et morale. D'ailleurs le cli-

(1) *Reconnaissance et exposition des droits de
l'homme et du citoyen.*

mat n'influe que jusqu'à un certain point sur la
liberté des hommes, ou plus proprement sur leur
aptitude à la liberté : il développe en eux les facultés propres à être libres ; mais la cause origi-
nelle en est en eux. Nous ne pouvons sans doute
nous dissimuler que, outre le rapport immédiat
qui existe entre nos facultés et le climat, la présence continue des mêmes objets éveille en nous
les mêmes idées, détermine les mêmes penchans,
d'où l'habitude, qui est bien réellement une seconde nature : appliquant cette vérité aux faits,
nous voyons que les peuples de plaines ont dû
perdre les premiers leur indépendance naturelle,
et qu'au contraire les peuples ée montagnes sont
restés plus indépendans ; fait dont les historiens
rapportent les résultats, comme à leur ordinaire,
sans en avoir compris la cause, et sans s'en être
inquiétés. Mais si nous combinons cette cause
physique avec la cause sociale, nous verrons que
les lois et le gouvernement modifient les hommes,
et que, s'ils conservent toujours alors quelques
traces de leur caractère originel, il se trouve mo-
difié par les lois.

« Un écrivain célèbre, dit *Volney* (1), consi-

_____

(1) Dans son excellent *Voyage en Syrie et en Égypte*,
chap. XL de l'État politique de la Syrie.

» dérant ce que les Grecs et les Romains ont dit
» de la mollesse asiatique, et ce que les voya-
» geurs rapportent de l'indolence des Indiens, a
» pensé que cette indolence était le caractère
» essentiel des hommes de ces contrées : recher-
» chant ensuite la cause commune de ce fait gé-
» néral, et trouvant que tous ces peuples habi-
» taient ce que nous appelons *pays chauds,* il a
» pensé que la chaleur était la cause de cette in-
» dolence; et, prenant le fait pour principe, il
» a posé en axiome que les habitans des pays
» chauds devaient être indolens, inertes de corps,
» et, par analogie, inertes d'esprit et de carac-
» tère. Il ne s'est par borné là : remarquant que
» chez ces peuples le gouvernement le plus habi-
» tuel était le despotisme, et regardant le despo-
» tisme comme l'effet de la nonchalance d'un
» peuple, il en a conclu que le despotisme était
» le gouvernement de ces pays, aussi naturel,
» aussi nécessaire que leur propre climat. Il sem-
» blerait que la dureté on, pour mieux dire, la
» barbarie de cette conséquence eût dû mettre
» les esprits en garde contre l'erreur de ces prin-
» cipes : cependant elle a fait une fortune bril-
» lante en France et même dans toute l'Europe;
» et l'opinion de l'auteur de l'Esprit des Lois est
» devenue pour le plus grand nombre des esprits

» une autorité contre laquelle il est téméraire de
» se révolter.

» L'on a fondé l'axiome de l'indolence des
» Orientaux et des Méridionaux en général sur
» l'opinion que les Grecs et les Romains nous ont
» transmise de la mollesse asiatique; mais quels
» sont les faits sur lesquels ils fondèrent cette
» opinion? l'ont-ils établie sur des faits fixes et
» déterminés, ou sur des idées vagues et géné-
» rales, comme nous le pratiquons nous-mêmes?
» ont-ils eu des notions plus précises de ces pays
» dans leur temps que nous dans le nôtre; et
» pourrons-nous asseoir sur leur rapport un juge-
» ment difficile à établir sur notre propre examen?
» Admettons les faits tels que l'histoire les donne.
» Étaient-ce des peuples indolens que ces Assyriens
» qui, pendant cinq cents ans, troublèrent l'Asie
» par leur ambition et leurs guerres; que ces
» Mèdes qui rejetèrent leur joug, et les dépossé-
» dèrent; que ces Perses de Cyrus qui, dans un
» espace de trente ans, conquirent depuis l'Indus
» jusqu'à la Méditerranée? étaient-ce des peuples
» sans activité que ces Phéniciens qui, pendant
» tant de siècles, embrassèrent le commerce de
» tout l'ancien monde; que ces Palmyriens dont
» nous avons vu de si imposans monumens d'in-
» dustrie; que ces Carduques de Xénophon qui

» bravaient la puissance du grand *roi* au sein de
» son empire; que ces Parthes qui furent les ri-
» vaux indomptables de Rome; enfin que ces
» Juifs même qui, bornés à un petit état, ne ces-
» sèrent de lutter pendant mille ans contre des
» empires puissans? Si les hommes de ces nations
» furent des hommes inertes, qu'est-ce que l'acti-
» vité? s'ils furent actifs, où est l'influence du
» climat? Pourquoi dans les mêmes contrées, où
» se développa jadis tant d'énergie, règne-t-il au-
» jourd'hui une léthargie si profonde? Pourquoi
» ces Grecs modernes si avilis sous les ruines de
» Sparte, d'Athènes, dans les champs de Mara-
» thon et des Thermopyles? Dira-t-on que les
» climats sont changés? où en sont les preuves?
» Et supposons-le, ils ont donc changé par bonds
» et par cascades, par chutes et par retours; le
» climat des Perses changea donc de Cyrus à
» Xercès; le climat d'Athènes changea donc
» d'Aristide à Démétrius de Phalère; celui de
» Rome de Scipion à Sylla, et de Sylla à Tibère?
» Le climat des Portugais a donc changé depuis
» Albukerque, et celui des Turcs depuis Soli-
» man? Si l'indolence est propre aux zones mé-
» ridionales, pourquoi a-t-on vu Carthage en
» Afrique, Rome en Italie, les Flibustiers à Saint-
» Domingue? pourquoi trouvons-nous les Malais

» dans l'Inde, et les Bédouins dans l'Arabie? pour-
» quoi dans un même temps, sous un même ciel,
» Sybarie près de Crotone, Capoue près de Rome,
» Sardes près de Milet? pourquoi sous nos yeux,
» dans notre Europe, des états du Nord aussi lan-
» guissans que ceux du Midi? pourquoi dans
» notre propre empire des provinces du Midi
» plus actives que celles du Nord? Si avec des
» circonstances contraires on a les mêmes faits,
» si avec des faits divers on a les mêmes circons-
» tances, qu'est-ce que ces prétendus principes?
» qu'est-ce que cette influence? qu'entend-on
» même par activité? n'en accorde-t-on qu'aux
» peuples belliqueux? et Sparte sans guerre est-
» elle inerte? Que veut-on dire par pays chauds?
» où pose-t-on les limites du froid, du tempéré?
» Que Montesquieu le déclare, afin que l'on sache
» désormais par quelle température l'on pourra
» déterminer l'énergie d'une nation, et à quel
« degré de thermomètre l'on reconnaîtra son ap-
» titude à la liberté ou à l'esclavage? Soit par les
» faits historiques, soit par les faits naturels,
» la proposition de Montesquieu, si imposante
» au premier coup-d'œil, se trouve à l'analyse un
» pur paradoxe, qui n'a dû son succès qu'à la
» nouveauté des esprits sur cette matière lorsque
» l'Esprit des Lois parut.

» Pour établir quelque chose de précis dans la
» question de l'activité, il était un moyen plus
» prochain et plus sûr que ces raisonnemens loin-
» tains et équivoques ; c'était d'en considérer la
» nature même, d'en examiner l'origine et les
» mobiles dans l'homme. En procédant par cette
» méthode l'on s'aperçoit que l'activité, soit de
» corps, soit d'esprit, prend sa source dans les
» besoins ; que c'est en raison de leur étendue,
» de leurs développemens qu'elle même s'étend
» et se développe : l'on en suit la gradation depuis
» les élémens les plus simples jusqu'à l'état le plus
» composé. »

Après avoir développé cette idée féconde avec
sa sagacité ordinaire, et avoir démontré l'influence du climat sur la nature du sol seul, ce
philosophe ajoute avec toute la force de la vérité :
« Il faut reconnaître des raisons plus générales
» et plus efficaces que la nature du sol ; ce sont
» ces institutions sociales que l'on appelle *gou-*
» *vernement et religion :* voilà les vrais régula-
» teurs de l'activité ou de l'énertie des particuliers
» et des nations ; ce sont eux qui, selon qu'ils
» étendent ou qu'ils bornent la carrière des besoins
» naturels ou superflus, étendent ou resserrent
» l'activité de tous les hommes. C'est parce que
» leur influence agit malgré la différence des ter-

» rains et des climats que Tyr, Carthage, Alexan-
» drie ont eu la même industrie que Londres,
» Paris, Amsterdam; que les Flibustiers et les
» Malais ont eu l'inquiétude et le caractère des
» Normands; que les paysans russes et polonais
» ont l'apathie et l'insouciance des Indous et des
» Nègres; c'est parce que leur nature varie et
» change comme les passions des hommes qui
» les règlent, que leur influence change; celui des
» particuliers dépend surtout de l'état social
» dans lequel ils vivent. »

Mais il est aussi une considération première
que le législateur, les peuples et leurs chefs ne
doivent jamais perdre de vue, *l'instabilité des
choses humaines.* Il en est du corps politique
comme du monde physique. Les lois éternelles
de la nature veulent que tous les êtres naissent,
croissent, et cessent ensuite : la matière n'est qu'une
création et une décomposition continuelles. Le
principe qui les fait être et celui qui les anéantit
ont pour même cause ces lois qui régissent tout.
Dans le cours de l'existence des êtres organisés,
ces êtres portent en eux-mêmes mille causes de
dépérissement quand il n'en est qu'une qui les fait
être; car il ne faut point prendre pour autant de
causes de création la réunion des principes créateurs. Plusieurs de ces causes de dépérissement

sont dues aux circonstances dans lesquelles les êtres se trouvent, beaucoup le sont à leur organisation même. La vie n'est qu'une dégradation journalière vers la mort : tel est l'ordre immuable des choses. Rien cependant ne se perd dans la nature; la destruction elle-même est le principe de la vie. Les restes inanimés des corps organisés ou fécondent la terre qui les recèle, ou retournent en la nature des diverses matières qui les composaient. Les dépouilles des plantes et des arbres, ainsi que leurs débris, se transforment en humus. Les volcans, les révolutions physiques portent avec la destruction la fertilité dans les contrées qui les avoisinent. Selon la première loi de la nature tout trouve la vie dans la mort, sans quoi tout eût déjà cessé. Le *corps politique* est de même sujet à ces lois générales : une seule cause le fait être (la *sociabilité naturelle de l'homme*); plusieurs peuvent le faire cesser comme société, en rompant le lien d'aggrégation des individus qui le formait. Comme tous les êtres organisés il est sujet à des maladies, et ces maladies sont dans l'ordre naturel des choses : les unes sont des principes de mort; les autres sont passagères, et tiennent à la constitution propre du corps politique qui en est atteint, aux circonstances qui les développent. Le *despotisme* et *l'anarchie* sont

pour les peuples deux causes de mort, à moins de ces crises favorables qui donnent une nouvelle vie aux organes, et qui éloignent ces causes pour un long temps. Dans le premier cas le corps politique périt par la force du mal, qui le jette en un état de langueur et de stupidité, elles-mêmes des causes mortelles ; dans le second cas par la violence et la multitude des maux qui en attaquent toutes les parties, et qui en usent tous les ressorts. Des dégradations sensibles annoncent les symptômes de ces deux maladies, pour lesquelles des crises salutaires (les *révolutions*) sont alors le seul remède applicable, mais qui ne peuvent affranchir que pour un temps le corps politique de la loi commune. C'est ainsi que tout passe et se succède dans la suite des temps ; que des générations s'engloutissent dans des générations nouvelles, qui font place à leur tour à d'autres générations ; que des peuples ont disparu, et que d'autres peuples les ont remplacés ; que des empires ont cessé, et que de nouveaux états se sont formés de leurs démembremens ; que les lois et les institutions, périssables comme l'homme dont elles sont l'ouvrage, se perdent. Que sont devenus ces peuples jadis célèbres dont les noms seuls ont survécu ? où sont ces empires, dont la renommée était si grande, et

s'étendait si loin ? Des nations se sont entièrement perdues, et aucun souvenir n'atteste si elles
ont été. L'Égypte, la Phénicie, la Perse, la Mé-
die, l'Assyrie, la Macédoine, Babylone, Persé-
polis, Palmyre, Thèbes, Tyr, Athènes, Sparte,
Corinthe, Carthage, Rome, autrefois si florissantes,
ne sont plus : d'autres habitans sont sur leurs
terres privées de leurs indigènes. La terre recèle
épars çà et là quelques restes des productions
de leur génie : le temps a tout dévoré, et souvent
nous ne savons pas où étaient situées ces villes
fameuses, dont la population, les mœurs, la police, l'industrie et le commerce avaient brillé du-
rant tant de siècles. La terre n'est qu'un vaste
tombeau : nous marchons continuellement sur
des ruines ; nous foulons aux pieds des peuples.
Qu'est-il resté ? *L'équité* et la *justice*. Hors des
coups du temps, éternelles comme tout ce qui
existe, mais inébranlables dans le choc con-
tinuel de création et d'anéantissement, elles tra-
versent les révolutions physiques et politiques, se
jouent des passions des hommes, et survvient aux
ébranlemens des empires. N'en doutons pas, si
les peuples de l'antiquité avaient eu des constitutions représentatives et une administration ferme
et sage, leur existence eût pu se prolonger : ils nous
eussent du moins laissé des monumens durables,
qui auraient pu instruire la postérité. Mais si tout

est enfin périssable, que restera-t-il à l'espoir des citoyens ? *l'amour du bien public,* qui supplée alors à la sagesse et à la durée des lois et des ins-titutions. Mais quand l'attachement à la chose publique manque dans les citoyens, et ne prévaut plus sur toutes les opinions ; quand la gangrène politique de l'égoïsme, crime envers l'humanité, et le mal le plus grand pour les familles et pour les peuples, attaque le corps social, les liens de la société n'existent plus ; le peuple tombe dans le marasme de la servitude, l'état se dissout et ne peut plus résister aux tempêtes publiques ; les ré-volutions ne peuvent plus assurer la liberté et le bonheur ; les nations s'anéantissent.

Que les *législateurs des peuples* n'oublient donc jamais que le corps politique, comme le corps humain, est sujet à des maladies, et que le re-mède à ces maux, qui attaquent le corps social dans son principe de vie, est de *bonnes lois.* Mais si les lois ne sont point en harmonie avec les droits naturels de l'homme, fondement de toute législation ; si elles choquent l'esprit national ; si elles sont en opposition avec les lumières des temps où on les donne, on irritera le mal ; et on développera pour l'avenir de nouvelles causes de révolutions.

Que les *chefs des états* soient les premiers sujets des lois ; qu'ils n'abusent jamais de l'autorité qui

leur est confiée ; qu'ils n'oublient jamais qu'ils ne
sont magistrats que par la volonté nationale et selon
la manière dont cette volonté prescrit leur pouvoir, et les peuples seront tranquilles. Quand on
est bien on s'y tient ; car, s'il n'en est pas toujours
de même pour l'homme, chez qui l'inconstance
naturelle n'a qu'un seul ressort à faire mouvoir,
on ne pourrait appliquer ce fait à un peuple,
composé d'une multitude d'individus en qui l'inconstance de chacun est inerte en ce cas par une
force réprimante qui naît du fait même de l'aggrégation sociale. Si au contraire les chefs des états
croient dans leur coupable pensée les peuples
leur patrimoine, et l'état un héritage de famille
dont ils peuvent disposer comme bon leur semble,
qu'ils s'attendent à ces bouleversemens qui ébran-
lent et détruisent leur pouvoir usurpé, et qui les
punissent d'avoir attenté aux libertés nationales,
qu'on ne viole pas long-temps impunément, ni
pour toujours.

Et vous, *peuples* de toutes les contrées, n'oubliez pas que sans *constitution* point de liberté
sociale, mais l'indépendance naturelle, laquelle
mène à l'anarchie ; que sans *lois* le gouvernement
n'est plus que le despotisme, et que c'est dans
les lois qu'est le remède à ces maux du corps
social. N'oubliez jamais que la liberté des citoyens,

l'amour de la patrie, la bonté des lois, la solidité de l'instruction, l'agriculture, l'industrie, les
sciences, la sagesse et la modération dans le gouvernement, l'activité dans l'administration, l'impartialité de la justice, l'habileté des généraux,
la valeur et la discipline des armées sont les
causes éternelles et constantes de la force des
nations, et qu'elles font leur gloire et leur
prospérité. Mais pour obtenir ces biens inappréciables, établissez le régime représentatif pour
la république, et vous aurez la meilleure police et
le seul gouvernement vrai ; pondérez dans un juste
équilibre l'action réciproque et relative du peuple
et de l'autorité, et vous aurez la véritable harmonie sociale ; circonscrivez la liberté et l'action
des lois dans leurs justes limites, et vous aurez
la meilleure constitution possible : alors seulement vous aurez la gloire immortelle d'avoir ré-
solu deux grands problèmes politiques : *Quels
sont les principes de l'organisation sociale qui
convient aux hommes? sur quelles bases repose l'harmonie politique intérieure?*

Montesquieu, dans son admirable *Esprit des
lois*, avait enseigné les principes de la science politique en s'appuyant de l'histoire des nations, des
opinions des publicistes et des philosophes, et des
législations connues. Ces APHORISMES au contraire

sont l'expression même des lois des deux peuples les plus grands et les plus éclairés ; et comme leurs législateurs étaient remontés aux sources de la politique, on aura non-seulement l'esprit des lois des deux premiers peuples de l'univers (lois qui ont déjà servi en partie de modèles pour la législation d'autres nations), mais on connaîtra ce que l'esprit humain et la philosophie ont encore découvert de mieux pour l'institution sociale et le gouvernement des peuples.

Mais si l'on consulte ce que les écrivains politiques, c'est-à-dire *Montesquieu* et *Mably* (car nous ne devons plus raisonnablement remonter plus haut qu'ax en science sociale) avaient enseigné sur plusieurs des vérités énoncées dans ces APHORISMES, on aura la filiation des idées, on pourra suivre les progrès de l'esprit humain dans ses découvertes dans cette science ; et ce sera pour le philosophe un grand sujet de méditation, soit qu'il examine la science sociale dans ses développemens, soit qu'il la suive dans sa marche depuis *Montesquieu*, temps où ce beau génie la créa, et où elle fut une science dans le faisceau des connaissances humaines (1).

(1) Comme on retrouve dans *Montesquieu* et *Mably*, mais dégagé de presque toutes leurs erreurs, ce que les

Les *principes* étant presque toujours les mêmes dans les lois où j'ai pris ces ᴀᴘʜᴏʀɪsᴍᴇs, et conséquemment dans leur énoncé, afin de faciliter l'étude et la connaissance des vérités qui en sont la base j'ai pris sur chaque matière le principe dont la rédaction, étant plus précise et plus concise, offrait plus de simplicité et plus de clarté, était plus indépendante de toute application particulière aux législations d'où je les tirais, conséquemment qui avait véritablement le caractère de maxime fondamentale, et j'en ai composé

philosophes antérieurs à ces deux sages avaient dit de plus utile et de plus fondamental en politique, en législation, en gouvernement, en morale; et comme la partie de la science sociale qui traite de l'organisation des peuples ne date que de ces deux sages, ce serait tout à la fois constater les développemens de cette science jusqu'aux temps modernes, et faire une chose très-utile que de rassembler méthodiquement dans un même livre les principes vrais qu'ils ont posés sur chaque matière, puisque ce livre serait en même temps l'historique des vérités reconnues depuis, et un résumé comparatif de ces vérités mères, propres à l'instruction des hommes et des législateurs : il remplacerait convenablement tant de livres que l'on dédaigne ou qu'on ne lit plus. D'ailleurs il importe dans les sciences de voir le point d'où on est parti et celui où on est arrivé : l'esprit est toujours satisfait de ces termes de comparaison, qui servent à l'étude des sciences.

cette DOCTRINE SOCIALE (1), en ayant soin toutefois
de réunir dans un même aphorisme les principes
qui servaient de développement ou de complément à la même *vérité*. Plus faciles ainsi à rete-
nir, ces principes se gravent plus long-temps dans
la mémoire; l'esprit en est mieux frappé, et en
saisit plus facilement les conséquences. C'est pour
cela qu'il est utile de présenter sous la forme aphoristique ce qui fait maxime dans les sciences.

Quoique ce livre soit de sa nature peu susceptible de méthode, il y avait néanmoins un *ordre
analytique* à observer dans le classement des principes qui le composent; car la méthode tient
essentiellement aux opérations de l'esprit, conséquemment à ses productions, sans quoi il lui
serait impossible de comparer et de juger ce qu'il
a conçu, puisque sans ce fil conducteur il ne
pourrait reconnaître ni apprécier ses propres ju-

(1) J'aurais désiré pouvoir toujours citer les lois amé-
ricaines les premières, puisqu'elles furent les premières
lois qui posèrent en partie ces principes, et elles servirent
de modèles aux législateurs français; mais cela m'eût souvent gêné pour l'ordre analytique des idées. Pour compléter
cette doctrine, j'ai quelquefois puisé dans les constitutions
et les lois françaises, et je n'ai pas cru faire une chose
étrangère à la nature de ces aphorismes en puisant
aussi dans ces lois quelques règles pour les citoyens dans
la conduite de la vie.

gemens. Aussi, sans méthode, les livres les mieux pensés instruisent difficilement, parce qu'ils fatiguent plutôt l'esprit qu'ils ne le guident. La méthode a l'avantage incontestable de faire saisir de suite l'ensemble et les parties, et de faciliter l'étude. L'analyse est d'ailleurs la seule voie de l'art du raisonnement : elle prépare les matériaux et les dispose; puis enseigne la méthode propre à leur classification.

En effet les principes généraux dans les sciences étant d'une application journalière, parce que les sciences sont elles-mêmes des moyens applicables aux besoins non interrompus de la société, il n'importe pas moins de les ordonner méthodiquement que de les bien déduire des faits, et de les bien poser, puisque ce n'est qu'alors qu'ils peuvent se classer dans l'esprit, qu'il est possible de les retrouver au besoin, et qu'en législation ils peuvent éclairer les lois. Cette importance des principes généraux est incontestable; ils forment proprement la doctrine des sciences.

Il ne faut pas confondre ces APHORISMES avec les *déclarations* dont je les ai tirés : ici c'est l'édifice élevé; là c'est la carrière de marbre d'où j'ai extrait les matériaux. Mais que de vérités dans ces principes ! *multa in paucis.*

Ces APHORISMES, que le désir de voir la vérité

régner seule et les hommes retourner au simple bon
sens m'a fait recueillir, renferment presque toute
la science sociale et aussi la science morale, et
ils pourront convenablement remplacer tant de
livres sur la politique, la législation, la morale
même. Ce que ces livres peuvent contenir de bon
y est dégagé des systèmes et des erreurs de leurs
auteurs. Quoique cette *doctrine* ne soit donc de moi
que pour la forme, et que mon seul mérite sera
l'idée d'un tel livre et le jugement que j'aurai pu
y mettre, elle est mon ouvrage le plus directement utile; et, si j'ai jamais quelque titre à la mémoire de mes concitoyens, ce sera par ce travail
que je l'aurai mérité (1). Mais quelle satisfaction
ce serait pour moi de pouvoir me dire en mou-
rant : *Deux grands peuples avaient énoncé
dans leurs lois les principes éternels des sociétés ; j'ai tiré des vérités des déclarations où ils
avaient déposé ces principes ; et les hommes en
ont fait la règle de leur raison, de leur conduite
et de leur gouvernement* (2).

C'est maintenant que l'intelligence se dégage
entièrement des liens qui la retenaient dans l'er-

(1) Car mon meilleur livre sera celui qui n'est pas de
moi.

(2) J'aurais mauvaise opinion du jugement et du caractère de l'homme qui rejetterait ces principes. ✱

reur, et qu'elle s'élance vers la vérité, qu'il importe que la *législation* soit enfin établie sur ses fondemens éternels et sur ses principes vrais, et qu'elle ne soit plus une science incertaine, vague, indéterminée, dénaturée par les passions, et rétrécie par les préjugés. Pourrait-on en effet réfléchir à l'abus qu'on a fait dans tous les âges et chez tous les peuples du nom auguste de *loi* pour maîtriser les hommes, et servir de voile aux passions les plus contraires à leur liberté naturelle, pour enchaîner leur raison, et l'éloigner de la vérité, sans éprouver un sentiment de douleur et d'indignation ? Il n'est point de crime plus grand, et cependant plus commun et plus universel : tous les peuples en ont été les victimes, et il n'est rois ni corps politiques qui ne s'en soient rendus coupables. Aussi point d'avantage plus grand pour un peuple, et de bien plus précieux pour l'homme, que lorsque les lois en sont venues au point que chacun puisse avec le simple bon sens connaître par lui-même la nature de ses droits et de ses devoirs.

Les peuples n'étant libres et conséquemment heureux qu'autant qu'ils ont la jouissance de leurs droits, et que la loi est la régulatrice de tous dans la république, de même que l'homme n'est bon qu'autant qu'il a le sentiment de conviction de la

dignité de son être, c'est-à-dire qu'autant qu'il est libre, il importe que les peuples connaissent leurs droits. « Le seul moyen de prévenir la ty-
» rannie, c'est-à-dire la violation des droits des
» hommes, dit Condorcet (1), est de réunir tous
» ces droits dans une *déclaration*, de les y exposer
» avec clarté dans un grand détail, de publier cette
» déclaration avec solennité en y établissant que
» la puissance législative ne pourra, sous quelque
» forme qu'elle soit instituée, rien ordonner de
» contraire à aucun de ses articles. Il faut en
» même temps établir une forme légale, d'après
» laquelle on puisse ajouter à cette déclaration
» de nouveaux articles, parce que plus les lu-
» mières feront de progrès, plus les hommes
» connaîtront l'étendue de leurs droits, plus ils en
» sauront distinguer les conséquences évidentes.
» Or, plus une déclaration des droits sera éten-
» due, plus non-seulement la jouissance de ceux
» qu'elle renferme sera certaine, mais plus aussi
» on verra diminuer le nombre et la complication
» des lois, et plus on verra disparaître ces dispo-
» sitions arbitraires qui les défigurent chez toutes
» les nations. Mais il faut de plus une forme
» légale pour retrancher des articles de cette dé-
» claration, parce que l'erreur même en faveur

(1) *Idées sur le despotisme.*

» des droits des hommes peut être nuisible. La
» forme pour ajouter un article doit être telle
» qu'on soit sûr de l'ajouter pour peu qu'il soit
» vraisemblable que ce droit soit réel ; mais pour
» en retrancher un la forme doit être telle, que
» l'évidence seule et la nécessité puissent obtenir
» un vœu en faveur de cette suppression. Sans une
» telle précaution, quelque forme que l'on donne
» à la constitution, les citoyens ne seront point
» à l'abri de la tyrannie ; elle sera établie par un
» pouvoir légitime ; mais elle n'en sera pas moins
» une tyrannie, comme un jugement injuste
» n'en est pas moins injuste, quoique rendu
» suivant les formes légales. »

« Plus une déclaration des droits sera étendue
» et complète, plus elle sera claire et précise,
» ajoute ce philosophe, plus la nation qui l'aura
» reconnue, qui y sera attachée par principe,
» par opinion, sera sûre d'être à l'abri de toute
» tyrannie ; car toute tyrannie, qui attaquerait
» évidemment un de ces droits, verrait s'élever
» contre elle une opposition générale. Un autre
» avantage d'une déclaration des droits est d'as-
» surer la tranquillité générale : une nation
» armée de ce bouclier cesse de s'inquiéter de
» toutes les innovations, n'a plus de prétexte
» pour s'offenser de celles qui sont utiles, ne se

» laisse plus si aisément tromper par les défen-
» seurs des abus qu'on veut détruire, ne prend
» plus pour des droits des priviléges contraires à
» ces droits mêmes, des institutions opposées à
» ses intérêts. Une déclaration des droits est donc
» à la fois la sauve-garde de la tranquillité comme
» celle la liberté publique ».

Toutes les *vérités* sont d'ailleurs utiles : utiles,
elles doivent être connues de tous. Prétendre qu'il
est des vérités dont la connaissance serait dan-
gereuse pour les hommes, serait dire que celles-là
ne sont point des vérités.

Plus donc l'instruction deviendra commune
à tous les hommes, plus aussi les *délits* seront
rares dans la société. En effet pourquoi dans
tous les pays se commet-il encore tant de délits,
faut-il punir tant de coupables ? C'est que les lois
ont toujours été imprévoyantes et mal faites; c'est
que les lois et l'autorité ne savent que punir les
mauvaises actions au lieu de les prévenir; c'est
qu'un genre de délit n'est pas plutôt commis et
connu qu'on établit une peine pour sa punition,
sans remonter à la cause qui a pu porter l'homme
à commettre ce délit, et tâcher d'en prévenir la
répression par la suite. Mais quelles que soient la
prévoyance du législateur et la surveillance de
l'autorité, et la juste graduation des peines aux délits,

l'instruction fera toujours plus que les lois et l'autorité, car l'instruction est la garantie de la moralité de l'homme.

L'homme est proprement une plante; c'est l'*éducation* qui le façonne; sans elle il reste un être brute, et ne produit que des fruits sauvages. Tout ce que la nature a fait est bien sans doute dans le sens primitif, c'est-à-dire, comme cause première, propre au développement perfectionné de cette cause; mais si cette cause est bien en elle-même comme principe, il faut ensuite que l'intelligence de l'homme y ajoute, pour lui donner tout ce que ce principe peut engendrer dans l'ordre naturel des choses. C'est là le but de l'éducation dans l'homme et l'éducation est une culture. Cette culture a pour objet le physique et le moral de l'homme, choses inséparables dans son éducation ainsi que dans sa connaissance. Qu'on nomme, l'une éducation physique, et l'autre éducation morale, ces dénominations n'expriment proprement que des divisions d'une même chose, non des choses de nature différente. L'éducation physique est la culture de l'homme au physique, c'est-à-dire, les soins nécessaires à sa conservation et à son accroissement comme être organisé; l'éducation morale comprend sa culture morale, c'est-à-dire, la direction de ses penchans vers le bien, et le développement de son

intelligence par l'instruction : aussi une bonne
éducation facilite-t-elle l'instruction, et de l'une
et de l'autre dépend la *moralité* de l'homme. Mais
la raison ne se développe en l'homme qu'autant
que la solidité de ses connaissances le met à même
de connaître la vérité, et d'acquérir d'avantage :
conséquemment il faut à l'homme une instruction vraie, et ne regarder comme telle que l'instruction qui a pour objet des connaissances nécessaires à la société ; car cette instruction fait
l'homme véritablement instruit, utile à lui-même
et à la république, permet à son intelligence de
reculer les bornes des conceptions de l'esprit, et
de servir et hâter les progrès de la raison. Mais on
n'est trop communément embarrassé sur l'instruction convenable aux enfans que parce qu'on oublie
trop souvent que l'instruction première est une préparation à l'instruction nécessaire pour le reste de la
vie : on leur fait apprendre des choses qui ne leur
serviront aucunement un jour, et que le bon
sens et les événemens de la vie leur feront heu-
reusement oublier. Pourquoi l'instruction de l'enfance ne serait elle pas une préparation à l'instruction dans l'âge mûr ? ces degrés dans les
choses apprises non-seulement donnent de l'a-
plomb à l'esprit, de la maturité au jugement,
mais encore de la stabilité aux caractères ; car

ils impriment de la fixité et de la méthode dans les idées. Pourquoi aussi encombrer toutes sortes de choses dans la tête des enfans, puisqu'il y en a beaucoup qui ne sauraient et qui ne devront y rester, et que ce vide leur donnera dès-lors un esprit de légèreté et d'inconstance, contre lequel il est cependant bien à propos de prémunir l'homme? Que les enfans sachent peu, mais qu'ils sachent bien, et que ce qu'ils apprennent leur puisse être utile dans tous les âges de la vie. De plus, la raison est l'instrument universel : elle s'applique à tout, et sans elle on ne peut rien ; et la morale est à la raison ce que les sciences sont à l'intelligence : en l'une et les autres est la per-fectibilité et la perfection de l'homme.

Il y a aussi naturellement en *l'homme* un sen-timent de justice et de bienveillance, et dans le *peuple* une raison naturelle qui dirigent leurs jugemens vers ce qui est bon. C'est ce sentiment dans l'homme et cette raison dans le peuple qu'il faut bien se garder de dénaturer; car en eux sont le germe de la moralité des citoyens, la bonté des mœurs publiques, le fondement de l'opinion exacte sur les choses et sur les hommes; ce qui fait aussi « que l'esprit de société est l'esprit de justice, et qu'il repose sur une bienveillance commune et sur l'équité envers chacun » ; car l'homme n'est point un être isolé, comme l'ont considéré les moralistes, mais la partie forcée d'une aggréga-tion (1).

Mais c'est par la raison qu'*il faut exciter dans les hommes le sentiment de leur prudence et de leur force, si on veut élever leur génie,* selon Vauvenargues, que le *despotisme* s'efforce de les abrutir pour les rendre plus faibles. Le grand art du despotisme est de convaincre les hommes qu'ils sont faibles et inexpérimentés, afin de les do-miner plus facilement et de s'ôter toute crainte sur leur connaissance de leur force, de même qu'on mutile certains animaux pour les rendre plus dociles et plus propres à l'usage auquel on les

(1) Ce faux point de vue sous lequel les moralistes ont envisagé l'homme les a fait tomber sans cesse en de gra-ves erreurs ; ce qui, joint à ce qu'ils ont toujours négligé l'étude de l'homme physique, base de la connaissance de l'homme moral, rend leurs principes communément fautifs et sans application directe à la conduite de la vie : aussi leurs livres renferment des vérités qui, péchant et dans leurs élémens et dans leurs conséquences, de-viennent des erreurs dans la pratique. Ce qui manque encore aux moralistes c'est la méthode, et ils n'avaient point de méthode, parce qu'ils n'étaient jamais remontés à la connaissance physique de l'homme, qui pouvait seule la leur donner, le physique de l'homme étant l'élément de sa connaissance morale : tout est ainsi sans fon-dement et décousu dans leurs livres. Les préceptes

destine : aussi, Montesquieu a-t-il peint avec une grande vérité l'esprit monarchique et l'apathie des peuples quand il a dit : « Je ne puis com-
» prendre comment les princes croient si aisé-
» ment qu'ils sont tout, et comment les peuples
» sont si prêts à croire qu'ils ne sont rien. » La *liberté* au contraire veut des hommes, et que les hommes aient la conscience de leur force; car ce n'est qu'ainsi que l'homme est homme. Tout ce qui tendrait donc à affaiblir et à dégrader l'homme serait contre la liberté, puisqu'il serait contre la nature de l'homme.

De plus le *despotisme* s'insinue en tout, et veut

de conduite qu'ils ont enseignés eussent donc été plus évidens, plus sûrs encore, et même rectifiés s'ils avaient été déduits de l'analyse de l'homme, c'est à dire si les moralistes avaient agi comme les criminalistes, qui ne sont parvenus à établir plus exactement le rapport des peines aux délits qu'en soumettant les unes et les autres à l'analyse du cœur humain; mais ils ont totalement ignoré que la morale est une science. CABANIS a démontré les élémens de la science morale dans son admirable ouvrage du *rapport du physique et du moral de l'homme* : VOLNEY a enseigné la morale pratique dans son précieux livre de la *loi naturelle*. Ces deux savans philosophes sont les premiers qui aient reconnu que la morale est une science, et qui aient enseigné quels étaient la source et les principes de cette science : ils ont rendu en cela un service inappréciable à l'esprit humain.

tout attirer à lui ; mais, comme ces vents destruc-
teurs qui portent la mort dans les contrées où ils
règnent, il dessèche tout ce qu'il frappe, et tue
partout le principe de vie sociale. La *liberté*, au
contraire est le principe vital qui répand l'existence dans tous les organes du corps politique, et
qui l'anime : c'est l'âme des hommes en société.

C'est aussi parce que le despotisme s'appuie sur
l'ignorance dans les hommes qu'il les faut *éclairer* ; car l'ignorance mène à l'erreur, et l'erreur
à la servitude, cause de la dégénération de l'homme.
Quel que soit donc le fondement de l'ignorance (1),
qu'elle consiste dans le non savoir des choses,
dans la croyance de bonne foi ou présomptueuse
qu'on sait, ou dans l'abus du savoir, il importe
de la détruire dans ses causes, puisque ses résultats sont si pernicieux, en employant pour cela
le moyen approprié à chacune de ces causes. Ainsi

_____

(1) Prise abstractivement, l'ignorance n'est autre que
la non application de l'intelligence à une chose, et,
en ce sens, de telle cause que provienne l'ignorance, elle
existe de ce que l'on ne s'est point occupé de connaître.
Aussi pour cesser d'ignorer il suffit de porter son attention vers l'objet qu'on ne savait pas, et d'en faire l'étude,
quoiqu'on ne fasse encore que savoir que cet objet existe,
et que l'ignorance ne cessera entièrement que lorsqu'on
aura acquis de cet objet une connaissance exacte ; ce qu'il
importe de bien distinguer.

quand l'ignorance absolue est cause de l'erreur,
c'est par l'instruction qu'on la combat, car il suffit
d'éclairer pour la détruire : quand l'erreur provient d'impressions irréfléchies, il faut attaquer
l'ignorance par le raisonnement, car il faut, avant
tout, redresser le jugement pour la détruire ;
mais quand elle a sa cause dans des préjugés d'éducation, quoique communément incurable parce
qu'elle a alors son principe dans des habitudes
qui l'identifient à la personne, il faut la déraciner
par l'exemple et la persuasion.

Les *lumières* sont le fruit de la liberté ; mais il
est préférable qu'elles en soient le fondement et
qu'elles la précèdent. Tout peuple chez qui la
liberté n'est pas le fruit de l'instruction et des
lumières ne jouit que d'une indépendance sociale
éphémère, que le premier événement peut lui
faire perdre, par cela même que sa liberté n'a
pas de base. Cette vérité de fait explique pourquoi
des peuples estimables de l'antiquité et quelques
nations de l'Europe ont inutilement fait de géné-
reux efforts pour être libres ou pour conserver
leur indépendance sociale, et pourquoi ceux qui
prolongèrent leur existence de liberté, n'y par-
vinrent que parce qu'ils s'étaient éclairés depuis
qu'ils avaient conquis leur liberté ; mais elle eût
été moins orageuse, moins routinière, moins tâ-

tonnière si ces peuples en avaient posé les fondemens sur les lumières et sur l'instruction dans
tous les citoyens.

La Science sociale est désormais toute dans
les *déclarations* d'où j'ai tiré la plus grande
partie de ces aphorismes, et il n'est plus d'instruction substantielle et d'étude vraie que dans leur
connaissance : elles sont aussi le seul livre de
morale, car le seul qui soit réellement est celui
qui contient les règles des droits et des devoirs du
citoyen. L'étude de ces *déclarations* doit donc
maintenant, pour l'homme avare du temps et
avide d'une instruction solide et pratique, tenir
lieu de l'étude des philosophes; car tout y est
substantiel, vérités de fait; et plus au contraire on
étudierait encore les philosophes anciens, plus on
se convaincrait que ces *déclarations* renferment
tout ce qui est en leurs livres, plus que leurs
livres ne contiennent, et que ce qui se trouve dans
ces philosophes étant plus exact en ces déclarations, énoncé d'une manière plus frappante, et
surtout dégagé de toute erreur et de tout système,
elles remplacent conséquemment l'étude toujours
longue, pénible, et rarement satisfaisante des
écrivains politiques. On doit donc les regarder
comme l'*élément* et la *fin* des études politiques
et morales, puisque les vérités qu'elles enseignent

sont le résumé de ce que la philosophie a encore découvert de plus exact dans l'étude de l'homme. Malgré la variété des formes dans l'énoncé des vérités, on y reconnaît un fond de vérités semblables, cette uniformité de pensées et de résultats dans les méditations, qui prouvent que les principes qu'elles énoncent sont des vérités. Cet accord unanime de vues dans de bons esprits et cette intelligence commune présentent un fait unique dans l'histoire des travaux de l'esprit, et ce fait est la preuve irrécusable et le plus bel éloge de la supériorité de l'entendement dans les temps modernes.

Que ces APHORISMES, vérités sociales universelles, soient à jamais la *leçon* des législateurs et la *morale* des citoyens, car ils renferment les devoirs des uns et les droits des autres; que l'homme en soit imbu dès l'enfance, et qu'il les suce avec le lait; car la connaissance de ses droits donne la conscience de ses forces, et assure l'empire de la raison. Que les vérités éternelles qu'ils expriment soient donc enseignées à l'enfance, comme la *religion* dans laquelle il convient d'élever la jeunesse, car le dogme des droits et des devoirs du citoyen est la seule religion qu'avoue la raison, et qui convienne désormais aux peuples, comme les choses les plus nécessaires à savoir

dans la conduite de la vie pour former le jugement, pour développer et guider la raison,
puisqu'en leur étude est le *fondement* de toute
instruction (1). « Il n'y a qu'une science à ensei-
» gner aux enfans, dit Rousseau, c'est celle des
» devoirs de l'homme ». Puissent les hommes
être assez sages pour faire de ces vérités l'objet de
leurs méditations continuelles : la liberté et la
morale sont toutes dans la connaissance de ses
devoirs comme citoyen; et point de vertus dans
l'ignorance, point de qualités avec un faux savoir.
Qu'enfin ces vérités soient le régulateur de l'autorité, car la connaissance des principes fondamentaux de la législation sont un bien inappréciable dans l'art de gouverner les hommes, et « le
fondement de la science du gouvernement est le

(1) Il n'y a que deux sortes de livres qu'on puisse présentement regarder comme base de l'instruction morale
propre à tous les citoyens pour leur donner un esprit
national, et pour former la raison de la jeunesse, un
recueil des vérités sociales, ou principes universels des
lois communs à tous les peuples, qui comprendrait les
règles des droits et des devoirs des hommes en société,
tels seraient ces aphorismes; et une *histoire moderne,*
c'est à dire depuis les révolutions d'Amérique et de
France, qui ont commencé une nouvelle ère pour
les nations, et terminé les temps anciens.

bonheur social : hors de là, il n'y a pas de gouvernement ».

Nous ne sommes plus à ces temps de servitude politique où *Condorcet* pouvait dire : « Les
» droits naturels de l'homme sont connus en géné-
» ral de tous ceux qui ont l'esprit droit et l'âme
» élevée ; mais peu de gens en embrassent toute
» l'étendue ; peu se sont élevés à une assez grande
» hauteur pour apercevoir toutes les consé-
» quences de ces droits. Une déclaration des
» droits, bien complète, serait l'ouvrage le plus
» utile au genre humain ; mais on ne trouvera
» peut-être pas un seul peuple, même parmi
» ceux qui haïssent le plus la tyrannie, auquel
» on pût la faire adopter tout entière, tant l'habi-
» tude a familiarisé l'homme avec ses chaînes (1). »

Déjà une nouvelle génération s'est élevée ; cette
génération a des successeurs, et le plus grand
nombre de ceux qui furent témoins des premiers
temps nationaux ne sont plus. Les institutions
aussi bien que les hommes sont changés, et des
mœurs et des opinions nouvelles ont remplacé
les mœurs et les opinions des temps antérieurs.
Un nouvel univers a commencé pour les peuples ;
une nouvelle ère a séparé les temps anciens des

(1) *Idées sur le despotisme.*

temps modernes; nous ne tenons plus à ce qui
fut que par des souvenirs historiques, et ces souvenirs ne rappellent plus que des temps et un
monde maintenant étrangers; il semble qu'une
vie nouvelle anime les nations en Europe et en
Amérique, et leur donne une autre existence.
Les peuples, plus mûrs qu'il y a trente ans pour
adopter la *doctrine* que ces APHORISMES renferment, en réclament les principes, et ces principes sont maintenant sentis et reconnus les vérités
fondamentales des sociétés : ils forment l'opinion
commune des peuples.

Impérissables par l'imprimerie, léguons aux
générations les plus reculées ces *vérités sociales*,
la sagesse des temps modernes, et que les générations à venir y ajoutent encore; car, « une
» déclaration des droits, si elle pouvait répondre
» à une perfection idéale, dit le grand *Mira-
» beau* (1), serait celle qui contiendrait des
» axiomes tellement simples, évidens et féconds
» en conséquences, qu'il serait impossible de s'en
» écarter sans être absurde, et qu'on en verrait
» sortir toutes les constitutions. »

AMÉRICAINS des États-Unis, qui avez précédé

(1) Dans son rapport sur la déclaration des droits de
l'homme et du citoyen.

ma patrie dans la grande révolution des peuples ;
FRANÇAIS, mes concitoyens, qui avez si bien,
par vos premières lois constitutionnelles, répondu
à l'appel à la liberté, que ne vous devront pas les
générations futures que vous aurez retirées de
l'oppression politique et religieuse ! Peuples fondateurs de la *liberté* des hommes et de l'*ère constitutionnelle* des nations, comme Sparte et Athènes
pour le reste des Grecs, vous aurez été les instituteurs de la grande fédération des peuples, qui
ne pourront plus perdre leur liberté qu'en per-
dant le souvenir de votre existence. La *déclaration des droits de l'homme et du citoyen* que
vous avez proclamée a commencé, et elle finira
la révolution de l'univers.

Instituteurs du genre humain, AMÉRICAINS et
FRANÇAIS, premiers peuples alliés dans la cause de
la liberté et de la raison, c'est à vous que je dédie
cette *doctrine*, votre ouvrage.

DOCTRINE SOCIALE.

Nous avons cherché cette forme populaire, qui rappelle au peuple, non ce qu'on a étudié dans les livres ou dans les méditations abstraites, mais ce qu'il a lui-même éprouvé; en sorte que la déclaration des droits, dont une association politique ne doit jamais s'écarter, soit plutôt le langage qu'il tiendrait, s'il avait l'habitude d'exprimer ses idées, qu'une science qu'on se propose de lui enseigner.

Mirabeau.

APHORISME PREMIER.

Le but de la société est le bonheur commun.

Chaque individu de la société a droit d'être protégé par elle dans la jouissance de sa vie, de sa liberté et de sa propriété, conformément aux lois établies.

Le but de toute association politique est la conservation des droits naturels et imprescriptibles de l'homme.

APHORISME II.

Le peuple seul a le droit incontestable, inaliénable et imprescriptible d'instituer le gouvernement, et aussi de le réformer, le corriger, ou le changer totalement quand sa protection, sa sûreté, sa propriété et son bonheur l'exigent.

Le peuple a droit de s'assembler d'une manière paisible et en bon ordre pour consulter sur ce qui intéresse le bien commun. Il a droit de donner des instructions à ses représentans, et de requérir du corps législatif, par la voie d'adresses, de pétitions ou de remontrances, le redressement des torts qui lui ont été faits, et le soulagement des maux qu'il souffre.

Le peuple a droit d'avoir et de porter des armes pour la défense commune.

APHORISME III.

Le principe de toute souveraineté réside essentiellement dans la nation. Nul corps, nul individu ne peut exercer d'autorité qui n'en émane expressément.

APHORISME IV.

La souveraineté est une et indivisible, imprescriptible et inaliénable.

Aucune portion du peuple ne peut exercer la puissance du peuple entier ; mais chaque section du souverain, assemblée, doit jouir du droit d'exprimer sa volonté avec une entière liberté.

APHORISME V.

Tous les hommes sont nés également libres et indépendans ; ils ont des droits certains, essentiels et naturels, dont ils ne peuvent, par aucun contrat, priver ni dépouiller leur postérité : tels sont le droit de jouir de la vie et de la liberté, avec les moyens d'acquérir et de posséder des propriétés, de chercher et d'obtenir le bonheur et la sûreté.

Les droits naturels et imprescriptibles de l'homme en société sont l'égalité, la liberté, la sûreté, la résistance à l'oppression.

L'exercice des droits naturels de chaque homme n'a de bornes que celles qui assurent aux autres membres de la société la jouissance de ces mêmes droits. Ces bornes ne peuvent être déterminées que par la loi.

La nécessité d'énoncer ses droits suppose, ou la présence, ou le souvenir récent du despotisme.

APHORISME VI.

Tous les hommes sont égaux par la nature et devant la loi.

L'égalité consiste en ce que la loi est la même pour tous, soit qu'elle protège, soit qu'elle punisse.

L'égalité n'admet aucune distinction de naissance, aucune hérédité de pouvoir.

APHORISME VII.

Il n'existe entre les citoyens d'autre supériorité que celles des fonctionnaires publics, et relativement à l'exercice de leurs fonctions.

APHORISME VIII.

La liberté est le pouvoir qui appartient à l'homme de faire tout ce qui ne nuit pas aux droits d'autrui : elle a pour principe la nature, pour règle la justice, pour sauve-garde la loi ; sa limite morale est dans cette maxime : *Ne fais pas à un autre ce que tu ne veux pas qui te soit fait.*

APHORISME IX.

Tout homme peut engager ses services, son temps ; mais il ne peut se vendre, ni être vendu : sa personne n'est pas une propriété aliénable. La loi ne connaît pas de domesticité ; il ne peut exister qu'un engagement de soins et de reconnaissance entre l'homme qui travaille et celui qui l'emploie.

APHORISME X.

La constitution garantit, comme droit naturel, la liberté aux citoyens de s'assembler paisiblement et sans armes en satisfaisant aux lois de police.

APHORISME XI.

Nul genre de travail, de culture, de commerce ne peut être interdit à l'industrie des citoyens.

Il n'y a ni limitation à la liberté de commerce, ni à l'exercice de l'industrie et des arts de toute espèce.

APHORISME XII.

La loi surveille particulièrement les professions qui intéressent les mœurs publiques, la sûreté et la santé des citoyens ; mais on ne peut faire dépendre l'admission à l'exercice de ces professions d'aucune prestation pécuniaire.

APHORISME XIII.

La constitution garantit, comme droit naturel, la liberté à tout homme d'aller, de rester, de partir sans pouvoir être arrêté, ni détenu que selon les formes déterminées par la constitution.

APHORISME XIV.

La liberté de la presse est un des plus forts boulevards de la liberté de l'état, et ne peut être restreinte que dans les gouvernemens despotiques.

La libre communication des pensées et des opinions est un des droits les plus précieux de l'homme : tout citoyen peut donc parler, écrire, imprimer librement,

sauf à répondre de l'abus de cette liberté dans les cas
déterminés par la loi.

APHORISME XV.

La sûreté résulte du concours de tous pour assurer
les droits de chacun.

La sûreté consiste dans la protection accordée par la
société à chacun de ses membres pour la conservation
de sa personne, de ses droits et de ses propriétés.

APHORISME XVI.

La maison de chaque citoyen est un asile inviolable :
pendant la nuit, nul n'a le droit d'y entrer que dans le
cas d'incendie, d'inondation, ou de réclamation venant
de l'intérieur de la maison.

Pendant le jour, on peut y exécuter les ordres des
autorités constituées.

Aucune visite domiciliaire ne peut avoir lieu qu'en
vertu d'une loi, et pour la personne ou l'objet expressément désigné dans l'acte qui ordonne la visite.

APHORISME XVII.

Le droit de propriété est celui qui appartient à tout
citoyen de jouir et de disposer à son gré et de la manière la plus absolue de ses biens, de ses revenus, du
fruit de son travail et de son industrie.

La propriété est un droit inviolable et sacré.

Aucune partie de la propriété d'un homme ne peut
lui être enlevée, ni appliquée aux usages publics sans
son propre consentement, ou celui de ses représentans
légitimes ; et le peuple n'est lié que par les lois qu'il a
consenties de cette manière pour l'avantage commun.

Nul ne peut être privé de la moindre partie de sa propriété sans son consentement, si ce n'est lorsque la nécessité publique légalement constatée l'exige, et sous la condition d'une juste et préalable indemnité.

APHORISME XVIII.

Le droit de présenter des pétitions aux dépositaires de l'autorité publique ne peut en aucun cas être interdit, suspendu, ni limité.

APHORISME XIX.

La garantie sociale consiste dans l'action de tous pour assurer à chacun la jouissance et la conservation de ses droits; cette garantie repose sur la souveraineté nationale.

Elle ne peut exister si la division des pouvoirs n'est pas établie, si les limites des fonctions publiques ne sont pas clairement déterminées par la loi, et si la responsabilité des fonctionnaires n'est pas assurée.

APHORISME XX.

Tout citoyen de la république doit trouver un remède certain dans le recours aux lois pour tous les torts ou injures qu'il peut éprouver dans sa personne, dans sa propriété, dans sa réputation. Il doit obtenir droit et justice gratuitement et sans être obligé de les acheter, complètement et sans qu'on puisse les lui refuser, promptement et sans délai, et conformément aux lois.

APHORISME XXI.

Aucun homme ne doit être arrêté, emprisonné, ni dépouillé de sa franche tenue, de ses immunités ou priviléges, ni mis hors de la protection de la loi, ni exilé, ni privé en aucune manière de sa vie, de sa liberté ou de sa propriété qu'en vertu de la loi du pays.

Tout homme étant présumé innocent jusqu'à ce qu'il ait été déclaré coupable, s'il est jugé indispensable de l'arrêter, toute rigueur qui ne serait pas nécessaire pour s'assurer de sa personne doit être sévèrement réprimée par la loi.

APHORISME XXII.

Nul ne doit être jugé et puni qu'après avoir été entendu ou légalement appelé, et qu'en vertu d'une loi promulguée antérieurement au délit.

Tout acte exercé contre un homme hors des cas et sans les formes que la loi détermine est arbitraire et tyrannique; celui contre lequel on voudrait l'exécuter par la violence a le droit de le repousser par la force.

APHORISME XXIII.

La résistance à l'oppression est la conséquence des autres droits de l'homme.

Il y a oppresion contre le corps social lorsqu'un seul de ses membres est opprimé : il y a oppression contre chaque membre lorsque le corps social est opprimé.

Quand le gouvernement viole les droits du peuple, l'insurrection est pour le peuple et pour chaque portion du peuple le plus sacré des droits et le plus indispensable des devoirs.

APHORISME XXIV.

Aucun homme, aucune corporation, aucune association d'hommes ne peuvent avoir, pour obtenir des avantages ou des priviléges particuliers et exclusifs, distincts de ceux de la communauté, d'autres titres que ceux qui résultent de la considération de services rendus au public : or, ces titres n'étant par leur nature ni héréditaires, ni transmissibles à des enfans, à des descendans ou à des parens, l'idée d'un homme né magistrat, législateur ou juge est absurde et contre nature.

APHORISME XXV.

Aucun ne doit être troublé, molesté, ni contraint dans sa personne, dans sa liberté, ni dans ses biens pour le culte qu'il rend à dieu de la manière et dans le temps les plus convenables à ce que lui dicte sa conscience, ni pour ses sentimens en matière de religion, ni pour la religion qu'il professe, pourvu qu'il ne trouble pas la tranquillité publique, et qu'il n'apporte aucun empêchement au culte religieux des autres.

APHORISME XXVI.

Le corps politique est formé par une association volontaire d'individus : c'est un contrat social par lequel le peuple entier convient avec chaque citoyen, et chaque citoyen avec le peuple entier, que tous seront gouvernés par certaines lois pour l'avantage commun. Le peuple doit donc, en formant une constitution de gouvernement. pourvoir à une manière équitable de faire les lois, ainsi qu'aux précautions nécessaires pour que ces lois soient interprétées avec impartialité et fidèlement exécutées, afin que tout homme puisse dans tous les temps jouir par elles de sa sûreté.

Un peuple a toujours le droit de revoir, de réformer et de changer sa constitution. Une génération ne peut assujettir à ses lois les générations futures.

Toute société dans laquelle la garantie des droits n'est pas assurée, ni la séparation des pouvoirs déterminée n'a point de constitution.

APHORISME XXVII.

Aucun des pouvoirs institués par la constitution n'a le droit de la changer dans son ensemble, ni dans ses parties, sauf les réformes qui pourront y être faites par la voie de la révision.

APHORISME XXVIII.

Un recours fréquent aux principes fondamentaux de de la constitution, et une adhésion constante à ceux de la justice, de la modération, de la tempérance, de l'industrie et de la frugalité sont absolument nécessaires pour conserver les avantages de la liberté, et pour maintenir un gouvernement libre. Le peuple doit en conséquence faire une attention particulière à ces principes dans le choix de ses officiers et de ses représentans; et il a le droit d'exiger de ses législateurs et de ses magistrats qu'ils les observent exactement et constamment dans la confection et l'exécution de toutes ces lois nécessaires pour la bonne administration de la république.

APHORISME XXIX.

Une convention nationale sera convoquée toutes les fois qu'il s'agira de réformer l'acte constitutionnel, de changer ou modifier quelques-unes de ses parties, ou d'y ajouter quelque disposition nouvelle.

APHORISME XXX.

Au corps législatif seul appartient l'exercice plein et entier de la puissance législative.

APHORISME XXXI.

La loi est l'expression libre et solennelle de la volonté générale, exprimée par la majorité générale des citoyens ou de leurs rep ésentans : elle est la même pour tous, soit qu'elle protége, soit qu'elle punisse; elle ne peut ordonner que ce qui est juste et utile à la société ; elle ne peut défendre que ce qui lui est nuisible.

Ce qui n'est pas défendu par la loi ne peut être empêché.

Nul ne peut être contraint à faire ce qu'elle n'ordonne pas.

La loi doit protéger la liberté publique et individuelle contre l'oppression de ceux qui gouvernent.

APHORISME XXXII.

Aucune loi, ni criminelle, ni civile, ne peut avoir d'effet rétroactif.

Des lois faites pour punir des actions antérieures à l'existence de ces lois, et qui n'ont point été déclarées criminelles par des lois précédentes, sont injustes, oppressives et incompatibles avec les principes fondamentaux d'un gouvernement libre.

APHORISME XXXIII.

Le pouvoir de suspendre les lois, ou de surseoir à leur exécution ne doit jamais être exercé que par la législature, ou par une autorité émanée d'elle dans les cas particuliers seulement pour lesquels la législature l'aura expressément prescrit.

APHORISME XXXIV.

Le département législatif n'exercera jamais le pouvoir

exécutif ou judiciaire, ni aucun des deux : le département exécutif n'exercera jamais le pouvoir législatif ou
judiciaire, ni aucun des deux ; et le département judiciaire n'exercera jamais le pouvoir législatif ou exécutif,
ni aucun des deux, afin que ce soit le gourvernement
des lois, et noa pas le gouvernement des hommes.

APHORISME XXXV.

Tout pouvoir résidant originairement dans le peuple,
et étant émané de lui, les différens magistrats et officiers
du gouvernement, revêtus d'une autorité quelconque,
législatrice, exécutrice ou judiciaire, sont ses substituts,
ses agens, et lui doivent compte dans tous les temps.

Nul ne peut sans une délégation légale exercer aucune
autorité, ni remplir aucune fonction publique.

Les fonctions publiques sont essentiellement temporaires ; elles ne peuvent être considérées comme des distinctions, ni comme des récompenses, mais comme des
devoirs.

Les fonctions publiques ne peuvent devenir la propriété de ceux qui les exercent.

Les délits des mandataires du peuple et de ses agens
ne doivent jamais être impunis. Nul n'a le droit de se
prétendre plus inviolable que les autres citoyens.

La société a droit de demander compte à tout agent
public de son administration.

APHORISME XXXVI.

Pour empêcher que ceux qui sont revêtus de l'autorité ne deviennent oppresseurs, le peuple a droit de faire
rentrer ses officiers publics dans la vie privée à certaines époques et de la manière qui aura été établie par la

forme du gouvernement, et de remplir les emplois vacans par des élections et des nominations régulières.

APHORISME XXXVII.

Tous les citoyens étant égaux aux yeux de la loi, sont également admissibles à toutes dignités, places et emplois publics selon leur capacité, et sans autre distinction que celle de leurs vertus et de leurs talens.

APHORISME XXXVIII.

Chaque citoyen a un droit égal de concourir à la nomination de ses mandataires ou de ses agens.

Toutes les élections doivent être libres, et tous les habitans ayant les qualités requises par la forme du gouvernement ont un droit égal à élire les officiers.

APHORISME XXXIX.

Les citoyens se rappelleront sans cesse que c'est de la sagesse des choix dans les assemblées primaires ou électorales, que dépendent principalement la durée, la conservation et la prospérité de la république.

APHORISME XL.

La population est la seule base de la représentation nationale.

APHORISME XLI.

La législature doit s'assembler fréquemment pour redresser les torts, pour corriger, fortifier et confirmer les lois, et pour en faire de nouvelles suivant que le bien commun l'exigera.

APHORISME XLII.

La liberté des délibérations, de la parole et des débats dans la législature est si essentielle pour les droits du peuple, que l'usage de cette liberté ne pourra jamais être le fondement d'aucune accusation ou poursuite, d'aucune accusation ou plainte dans aucun autre corps ou lieu quelconque.

APHORISME XLIII.

Le pouvoir législatif ne pourra faire aucunes lois qui portent atteinte et mettent obstacle à l'exercice des droits naturels et civils, ét garantis par la constitution; mais comme la liberté ne consiste qu'à pouvoir faire tout ce qui ne nuit, ni aux droits d'autrui, ni à la sûreté publique, la loi peut établir des peines contre les actes qui, attaquant ou la sûreté publique, ou les droits d'autrui, seraient nuisibles à la société.

APHORISME XLIV.

L'instruction est le besoin de tous. La société doit favoriser de tout son pouvoir les progrès de la raison publique, et mettre l'instruction à la portée de tous les citoyens.

APHORISME XLV.

Les citoyens ont le droit de former des établissemens particuliers d'éducation et d'instruction, ainsi que des sociétés libres pour concourir aux progrès des sciences, des lettres et des arts.

APHORISME XLVI.

Les secours publics sont une dette sacrée. La société

doit la subsistance aux citoyens malheureux, soit en leur procurant du travail, soit en assurant les moyens d'exister à ceux qui sont hors d'état de travailler.

APHORISME XLVII.

Une milice bien réglée, tirée du corps du peuple, et accoutumée aux armes, est la défense propre, naturelle et pure d'un état libre.

La garantie des droits de l'homme et du citoyen nécessite une force publique : cette force est donc instituée pour l'avantage de tous, et non pour l'utilité particulière de ceux auxquels elle est confiée.

APHORISME XLVIII.

Les gardes nationales ne forment ni un corps militaire, ni une institution dans l'état ; ce sont les citoyens eux-mêmes appelés au service de la force publique.

APHORISME XLIX.

Il ne doit être établi, fixé, imposé ni levé aucun subside, charge, taxe, impôt, ou droits, sous quelque prétexte que ce soit, sans le consentement du peuple ou de ses représentans dans la législature.

Nulle contribution ne peut être établie que pour l'utilité générale.

La contribution doit être également répartie entre tous les citoyens en raison de leurs facultés.

Tous les citoyens ont droit de constater par eux-mêmes, ou par leurs représentans, la nécessité de la contribution publique, de la consentir librement, de concourir à son établissement, d'en suivre et d'en surveiller l'emploi, d'en déterminer la quotité, l'assiette, le recouvrement et la durée, et de s'en faire rendre compte.

APHORISME L.

Au corps législatif seul appartient le droit de régler la fabrication et l'émission de toute espèce de monnaie, d'en fixer la valeur et le poids, et d'en déterminer le type.

APHORISME LI.

Le corps législatif a seul le droit de décerner les honneurs publics à la mémoire des grands hommes.

APHORISME LII.

La république renonce solennellement à réunir à son territoire des contrées étrangères, sinon d'après le vœu librement émis de la majorité des habitans, et dans le cas seulement où les contrées qui solliciteront cette réunion ne seront pas incorporées et unies à une autre nation en vertu d'un pacte social exprimé dans une constitution antérieure et librement consentie.

APHORISME LIII.

Il appartient au corps législatif de ratifier les traités de paix, d'alliance et de commerce ; et aucun traité n'a d'effet que par cette ratification.

APHORISME LIV.

La république ne prendra les armes que pour le maintien de sa liberté, la conservation de son territoire, et la défense de ses alliés.

APHORISME LV.

La guerre ne peut être déclarée que par un décret du

corps législatif, rendu sur la proposition formelle et nécessaire du gouvernement.

APHORISME LVI.

Le commandement général des armées de la république ne peut être confié à un seul homme.

APHORISME LVII.

Aucune troupe étrangère ne peut être introduite sur le territoire sans le consentement préalable du corps législatif.

APHORISME LVIII.

L'exercice des droits civils est indépendant de la qualité de citoyen, laquelle ne s'acquiert et ne se conserve que conformément à la loi constitutionnelle.

APHORISME LIX.

La loi ne considère le mariage que comme contrat civil.

APHORISME LX.

Il n'y a pas de mariage lorsqu'il n'y a point de consentement.

APHORISME LXI.

La possession est la détention ou la jouissance d'une chose ou d'un droit que nous tenons ou que nous exerçons par nous-mêmes, ou par un autre qui le tient ou qui l'exerce en notre nom.

APHORISME LXII.

L'usufruit est le droit de jouir des choses dont un autre

a la propriété, comme le propriétaire lui-même, mais à la charge d'en conserver la substance.

APHORISME LXIII.

Toute personne peut contracter si elle n'en est pas déclarée incapable par la loi.

APHORISME LXIV.

On ne peut déroger par des conventions particulières aux lois qui intéressent l'ordre public et les bonnes mœurs.

APHORISME LXV.

Les conventions légalement formées tiennent lieu de loi à ceux qui les ont faites ; elles ne peuvent être révoquées que de leur consentement mutuel, ou pour les causes que la loi autorise : elles doivent être exécutées de bonne foi.

L'obligation sans cause, ou sur une fausse cause, ou sur une cause illicite, ne peut avoir aucun effet.

Les conventions obligent non-seulement à ce qui y est exprimé, mais encore à toutes les suites que l'équité, l'usage ou la loi donnent à l'obligation d'après sa nature.

APHORISME LXVI.

Tout fait quelconque de l'homme, qui cause à autrui un dommage, oblige celui par la faute duquel il est arrivé, à le réparer.

Chacun est responsable du dommage qu'il a causé non-seulement par son fait, mais encore par sa négligence ou par son imprudence.

APHORISME LXVII.

La loi ne doit établir et décerner que des peines strictement et évidemment nécessaires. Les peines doivent être proportionnées au délit et utiles à la société.

APHORISME LXVIII.

Dans les poursuites criminelles la vérification des faits dans le voisinage du lieu où ils se sont passés est de la plus grande importance pour la sûreté de la vie, de la liberté et de la propriété des citoyens.

APHORISME LXIX.

Tout citoyen, appelé ou saisi par l'autorité de la loi, doit obéir à l'instant ; il se rend coupable par la résistance.

Tout traitement qui aggrave la peine déterminée par la loi est un crime.

APHORISME LXX.

Les mêmes délits sont punis des mêmes peines, sans aucune distinction des personnes.

APHORISME LXXI.

Les délits et les crimes étant personnels, le supplice d'un coupable et les condamnations infamantes quelconques n'impriment aucune flétrissure à sa famille : l'honneur de ceux qui lui appartiennent n'est nullement entaché ; et tous continueront d'être admissibles à toute sorte de professions, d'emplois, de dignités.

APHORISME LXXII.

La peine de mort est abolie pour tous les délits privés.

APHORISME LXXIII.

La confiscation des biens des condamnés ne pourra jamais être prononcée dans aucun cas.

APHORISME LXXIV.

Le gouvernement est institué pour le bien commun, pour la protection, la sûreté, la prospérité et le bonheur du peuple, et non pas pour le profit, l'honneur ou l'intérêt particulier d'un homme, d'une famille, d'une classe d'hommes.

Le gouvernement est institué pour garantir à l'homme la jouissance de ses droits naturels et imprescriptibles.

APHORISME LXXV.

Le gouvernement est tenu, à l'ouverture de la session du corps législatif, de lui présenter chaque année l'aperçu des dépenses à faire dans chaque partie de l'administration, et le compte de l'emploi des sommes qui y étaient destinées pour l'année précédente ; il est chargé d'indiquer les abus qui auraient pu s'introduire dans le gouvernement.

APHORISME LXXVI.

Les administrateurs n'ont aucun caractère de représentation : ils sont des agens élus à temps par le peuple pour exercer, sous la surveillance et l'autorité du gouvernement, les fonctions administratives. Ils ne peuvent s'immiscer dans l'exercice du pouvoir législatif, ou suspendre l'exécution des lois, ni rien entreprendre sur l'ordre judiciaire, ni sur les dispositions ou opérations militaires.

APHORISME LXXVII.

La justice est rendue publiquement et gratuitement par des juges élus à temps par le peuple et salariés par la république.

Les fonctions judiciaires ne peuvent en aucun cas, et sous aucun prétexte, être exercées, ni par le corps législatif, ni par le pouvoir exécutif, ni par les corps administratifs et municipaux.

APHORISME LXXVIII.

L'arbitrage étant le moyen le plus raisonnable de terminer les contestations entre les citoyens, le droit des citoyens de terminer définitivement leurs contestations par la voie de l'arbitrage ne peut recevoir aucune atteinte par les actes du pouvoir législatif, et les législateurs ne peuvent faire aucunes dispositions qui tendraient à diminuer, soit la faveur, soit l'efficacité du compromis.

APHORISME LXXIX.

Les citoyens ne peuvent être distraits des juges que la loi leur assigne par aucune commission, ni par d'autres attributions que celles qui sont déterminées par une loi antérieure.

APHORISME LXXX.

Il est défendu aux juges de prononcer par voie de disposition générale et réglementaire sur les causes qui leur sont soumises.

APHORISME LXXXI.

Le juge qui refusera de juger sous prétexte du silence, de l'obscurité ou de l'insuffisance de la loi pourra être poursuivi comme coupable de déni de justice.

APHORISME LXXXII.

En matière criminelle, nul citoyen ne peut être jugé

que par les jurés, et la peine sera appliquée par les tribunaux criminels.

Un premier jury déclare si l'accusation doit être admise ou rejetée : le fait est reconnu et déclaré par un second jury.

APHORISME LXXXIII.

Tout homme acquitté par un juré légal ne peut plus être repris ni accusé à raison du même fait.

APHORISME LXXXIV.

Le droit de faire grâce ne serait que le droit de violer la loi ; il ne peut exister dans un gouvernement libre, où la loi doit être égale pour tous.

APHORISME LXXXV.

Ceux qui sollicitent, expédient, signent, exécutent ou font exécuter des actes ou des ordres arbitraires sont coupables, et doivent être punis.

APHORISME LXXXVI.

Les citoyens ont le droit d'élire ou choisir les ministres de leur culte.

APHORISME LXXXVII.

Nul ne peut être forcé de contribuer aux dépenses d'aucun culte. La république n'en salarie aucun.

APHORISME LXXXVIII.

Un peuple ne peut conserver un gouvernement libre et le bonheur de la liberté que par une adhésion ferme et constante aux règles de la justice, de la modération, de la tempérance, de l'économie et de la vertu, et par un recours fréquent à ses principes fondamentaux.

Le maintien de la société demande que ceux qui la composent connaissent et remplissent leurs devoirs.

Tous les devoirs de l'homme et du citoyen dérivent de ces deux principes ; gravés par la nature dans tous les cœurs : « *Ne faites pas à autrui ce que vous ne* » *voudriez pas qu'on vous fît ; faites constamment* » *aux autres le bien que vous voudriez en recevoir.* »

Les obligations de chacun envers la société consistent à la défendre, à la servir, à vivre soumis aux lois, et à respecter ceux qui en sont les organes.

Nul n'est bon citoyen s'il n'est bon fils , bon frère, bon ami, bon époux.

Nul n'est homme de bien s'il n'est franchement et religieusement observateur des lois.

Celui qui viole ouvertement les lois se déclare en état de guerre avec la société.

Celui qui, sans enfreindre les lois, les élude par ruse ou par adresse, blesse les intérêts de tous ; il se rend indigne de leur bienveillance et de leur estime.

C'est sur le maintien des propriétés que reposent la culture des terres , toutes les productions, tout moyen de travail, et tout l'ordre social.

Tout citoyen doit ses services à la patrie et au maintient de la liberté, de l'égalité et de la propriété, toutes les fois que la loi l'appelle à les défendre.

APHORISME LXXXIX.

Les époux se doivent mutuellement fidélité, secours, assistance.

Le mari doit protection à sa femme, la femme obéissance à son mari.

La femme est obligée d'habiter avec le mari, et de le suivre partout où il juge à propos de résider : le mari est obligé de la recevoir, et de lui fournir tout ce qui est nécessaire pour les besoins de la vie selon ses facultés et son état.

Les époux contractent ensemble, par le fait seul du mariage, l'obligation de nourrir, entretenir et élever leurs enfans.

APHORISME XC.

L'enfant, à tout âge, doit honneur et respect à ses père et mère. Il reste sous leur autorité jusqu'à sa majorité ou son émancipation. Les enfans doivent des alimens à leurs père et mère, et autres ascendans qui sont dans le besoin.

APHORISME XCI.

Les lois de police et de sûreté obligent tous ceux qui habitent le territoire.

FIN DE LA DOCTRINE SOCIALE.

REFLEXIONS

SUR MONTESQUIEU (1),

PUBLIÉES L'AN III DE LA RÉPUBLIQUE FRANÇAISE (1795).

Ce n'est qu'avec vénération que l'on contemple ces sages
dont le génie est la gloire de l'intelligence, et dont la vie

(1) J'étais jeune lorsque j'écrivis mes pensées sur le *philosophe*
et sur le *poète* (*) qui faisaient déjà mes délices et auxquels je devais
mon instruction : je sens aujourd'hui que mon admiration n'a
point trahi la vérité. Montesquieu et Corneille sont mes deux hommes
parmi nos anciens, les écrivains dont j'ai préféré la lecture pour
me former le jugement, pour me délasser de mes travaux, ou pour
retremper mon imagination. J'ai aimé à trouver en Montesquieu
l'homme de bien dans le philosophe et le législateur, et en Corneille
le politique et le scrutateur du cœur humain dans le poète. Je ne lis
jamais Montesquieu qu'il ne m'instruise et ne m'éclaire, qu'il ne me
fasse aimer l'humanité et chérir la liberté : je ne lis jamais Corneille
qu'il ne m'élève l'âme, et il est le seul poète qui le fasse : leur génie
m'étonne toujours, et je me crois plus grand quand je médite
leurs écrits. Mes vieux amis dès mon enfance, ils m'ont instruit
dans ma jeunesse, ils m'ont fortifié dans l'âge mûr, et ils seront
encore ma lecture favorite dans ma vieillesse. Si l'âge, l'expérience de

(*) *De l'excellence de Corneille* (1791).

fut un éloge en l'honneur de l'humanité : on éprouve un sentiment invonlontaire d'admiration respectueuse en approchant de ces hommes rares, qui ont servi le genre humain en illustrant leur patrie.

Montesquieu est connu en Europe et en Amérique comme le législateur des nations ; les écrits de ce sage font autorité chez les peuples libres des deux continens policés, comme la source des vérités fondamentales en législation, en politique, en morale, en histoire. La juste célébrité dont ce puissant génie a joui pendant sa vie s'est accrue depuis sa mort : les générations ont confirmé les éloges qu'il avait recueillis, et les temps les plus reculés garderont sa mémoire, de même que nos temps conservent avec respect et reconnaissance le souvenir de ces esprits transcendans qui, dans l'antiquité, servirent les hommes par leurs immortelles productions, et qui honorèrent l'humanité par leurs vertus.

S'élevant de toute la force de son génie au-dessus des

la méditation, et principalement l'étude assidue des vérités fondamentales énoncées dans les lois de nos assemblées nationales ont depuis rectifié mon jugement sur plusieurs points de la doctrine de Montesquieu, ils n'ont fait aussi que confirmer ma vénération pour ce sage, et ma reconnaissance pour les vérités éternelles que cet esprit créateur de la science sociale a enseignées aux hommes. Ce grand homme n'a point encore été bien jugé : ses panégyriques ne l'ont peint que d'après l'idée superficielle qu'ils s'étaient formée de la nature de son génie et de ses écrits. A la manière surtout dont le spirituel Voltaire a jugé Montesquieu, ainsi qu'il avait jugé le grand Corneille, il a prouvé que ce n'était point à l'esprit seul, tel flexible et varié qu'il fût, à sentir leur génie, et à l'apprécier. La France a produit dans Descartes, Corneille et Montesquieu les plus étonnans esprits des temps européens, et chacun de ces grands hommes attend encore un peintre qui en donne un portrait fait d'après nature (1820).

philosophes de son siècle, Mably, Raynal, Buffon, Voltaire, Helvétius, Condillac, d'Alembert, Rousseau, Diderot, Vauvenargues, il leur fut encore supérieur par la nature de la science dont il fit l'objet de ses méditations, et qu'il créa, et qu'il enseigna. Si l'on considère les travaux de ces philosophes comparativement à ceux du grand *Montesquieu*, qui d'eux laissa un ouvrage plus directement utile à l'humanité que l'*Esprit des lois* et les *Considérations sur les Romains*, tels admirables, utiles même que furent plusieurs livres de ces philosophes ; car, de même que les vérités qui sont le fondement de la police des sociétés politiques sont les premières dans l'ordre des vérités utiles au genre humain, par leur importance à leur bonheur et par leur application aux besoins communs à tous les hommes, de même la science qui comprend ces vérités est la première de toutes les connaissances qui intéressent les hommes en général.

La profondeur de *Montesquieu*, l'étendue de ses connaissances, sa sagacité à saisir les rapports des faits, la finesse de ses observations, la vigueur de sa pensée, l'énergique concision de son style, vif, animé, et fort d'idées, d'images et d'expressions, la sagesse de ses opinions, son amour vrai de l'humanité et de la liberté des hommes, objet constant de ses écrits, en ont fait le plus grand philosophe, et le premier écrivain de son siècle et des temps antérieurs.

Circonspect même dans les erreurs qui lui sont échappées, c'est la vérité seule qu'il chercha et qu'il voulut enseigner : il la dégagea des illusions de l'esprit de système, et ne la présenta que sous cette forme grave et sévère qui seule lui convient lorsqu'on la préfère aux vains applaudissemens donnés aux saillies de l'esprit. Si

quelquefois il accorda trop à son imagination vive et
élevée, il sut la maîtriser du moins en ce qu'elle aurait
eu de trop impétueux et de trop brillant, et l'accommo-
der à la gravité des choses dont il traitait : si quelquefois,
entraîné par sa vaste érudition, il ne se fia pas toujours
assez à son génie, et ne consulta pas assez ses propres
forces, on sent que c'est la vérité seule qu'il eut du
moins en vue, et que, s'il se trompa quelquefois sur les
voies qui y conduisent, il s'égara en ami sincère du vrai,
non par système, et qu'il fut toujours le défenseur de la
liberté des hommes : si quelquefois, dominé par la vivacité
de son génie, il érigea en doctrines fondamentales des conséquences non rigoureusement vraies des faits dont il
s'appuyait, ses écarts portent toujours le caractère de
la conviction intime, et on y reconnaît l'écrivain de
bonne foi : qualité rare chez de grands philosophes, et
qui leur a manqué souvent dans ce qu'ils ont de bon,
tels recommandables qu'ils furent d'ailleurs comme écrivains.

Montesquieu, publiant vers le milieu du dernier siècle
son immortel *Esprit des lois,* fut un sage apparaissant
aux hommes dans des temps où la découverte de la
science sociale pouvait mettre un frein aux écarts et aux
incertitudes des esprits, entraînés alors par le besoin
généralement senti de tout connaître et de tout approfondir, et où la connaisance des élémens de la science des
lois devait amener aux principes fondamentaux de l'ordre
social, qui ne sont autres que les vérités éternelles et
constantes des sociétés.

La sagesse et le génie de *Montesquieu* influèrent sur nos
temps nationaux par l'ascendant irrésistible de la raison
et de la vérité sur les opinions et les sentimens. Ils n'agi-

rent pas directement d'abord sur la totalité des hommes
de son siècle, plus désireux de connaître qu'éclairés, et
conséquemment point encore préparés pour le comprendre dans toute sa profondeur ; mais ils agirent sur
les opinions et le caractère des hommes instruits et des
sages, qui forment à leur tour l'opinion générale, et
qui exercent insensiblement une puissance d'autant plus
sûre et plus durable qu'elle s'établit lentement, et par
la force de l'opinion même qu'elle crée.

Quoique *Montesquieu* ait joui de son vivant de sa célébrité, et qu'il y fût sensible, il sentit que les temps la
grandiraient encore ; car il n'y a que l'homme de génie
qui ait le sentiment de l'influence qu'il doit avoir sur
les temps à venir. En sage, il dédaigna cette renommée
contemporaine que trop d'écrivains modernes recherchè-
rent trop avant tout. Comme le véritable législateur, qui
dicte ses lois en vue des temps à naître, *Montesquieu* a
écrit pour les siècles, il a gravé sur l'airain. Il a fui cette
vaniteuse ambition de dominer la multitude, et de jouir de
son triomphe sur elle : égoïsme de l'amour-propre, non
l'amour des hommes et de la vérité. C'est par la voix des
sages de tous les temps et de tous les pays qu'il a voulu
enseigner les hommes, et parler à leur raison.

Non moins admirable dans sa vie privée, il fut un sage
pratiquant les vertus domestiques, sans dureté et sans
chercher les vains et trop souvent trompeurs applaudissemens des hommes. Il est le sage, avec Descartes, qui
nous représente le mieux ces philosophes de l'antiquité
dont l'histoire nous est parvenue conservée par la vénération des temps. Son caractère de tête a même de l'analogie avec les traits de quelques philosophes anciens, ou
plutôt il rappelle une de ces physionomies antiques où

la nature semble se complaire à produire le type du
génie et du beau moral dans le visage de l'homme (1).

Comme ces législateurs anciens qui visitèrent des peuples renommés par leur police pour connaître leurs
institutions avant de donner des lois à leurs concitoyens,
Montesquieu fut étudier les peuples de l'Allemagne, de
l'Italie, de la Suisse, de la Hollande et de l'Angleterre
avant d'enseigner aux hommes les principes constitutifs
des sociétés politiques.

(1) Montesquieu s'étant toujours refusé à se laisser peindre, les
traits de ce sage ne sont parvenus à la postérité que d'après un *portrait*
qu'en fit, sur les instances réitérées de son ami Guasco, un peintre
italien, et d'après la *médaille* gravée en 1752 par Dacier. « J'écrivis
» à Montesquieu, dit à ce sujet Rulhières dans sa lettre à son ami
» Restaut, directeur de la compagnie des Indes, pour lui faire
» connaître le désir qu'avait Dacier de le voir, et lui demander le
» moment qui lui serait le plus commode. *Demain matin à huit*
» *heures*, me répondit-il. Le lendemain nous nous rendîmes chez
» lui : nous le trouvâmes occupé à déjeûner avec une croûte de
» pain, de l'eau et du vin. Montesquieu demanda à Dacier s'il avait
» apporté avec lui quelques médailles : celui-ci lui en montra
» plusieurs. Montesquieu s'écria en les examinant : *Ah! voilà mon*
» *ami Milord Chesterfield, je le reconnais bien.... Mais puisque*
» *vous êtes graveur de la monnaie de Londres, vous avez sans doute*
» *fait la médaille du roi d'Angleterre. — Oui; mais, comme ce*
» *n'est qu'une médaille de roi, je n'ai pas voulu l'apporter. — A*
» *votre santé pour le bon mot*, dit Montesquieu. La conversation
» s'anima, et au bout d'un quart-d'heure Dacier fit venir très-
» adroitement et très-à propos la demande qu'il se détermina enfin
» de faire à Montesquieu de lui permettre de prendre son profil, et
» de faire sa médaille; il fit surtout beaucoup valoir la peine
» qu'il avait prise de faire le voyage de Londres à Paris tout
» exprès dans l'espérance qu'il ne lui refuserait pas cette grâce.
» Après un moment de réflexion, *Montesquieu* lui dit : *M. Dacier,*
» *je n'ai jamais voulu laisser faire mon portrait à personne; La-*

Montesquieu commença sa carrière à trente-deux ans par la publication des *Lettres persanes*, ouvrage de sa jeunesse, livre unique, sans exemple chez les anciens, excellent modèle dont il n'a été fait que des copies décolorées, et que l'envie a cru rabaisser en le disant une imitation du Siamois de Dufresny.

A quarante-cinq ans il donna son divin ouvrage des *Considérations sur les causes de la grandeur et de la décadence des Romains*, son chef-d'œuvre, histoire sans modèle, qui révéla un historien chez les modernes, et qui le plaça au-dessus des historiens grecs et romains ; livre le plus étonnant en aucune langue, et où on ne sait ce qu'on doit le plus admirer de la profondeur du plan et des pensées, de la grave, énergique et sublime concision des faits, des portraits et du style, ou de cet art d'enchaîner les événemens, d'en dévoiler les causes, et d'en faire ressortir les résultats.

Il mit au jour à cinquante-neuf ans son immortel *Esprit des lois*, conception merveilleuse par le génie qui l'enfanta, production non moins merveilleuse par le nombre des choses qui y sont traitées, par l'ordre et la précision avec lesquels elles le sont, et qui mérita à ce

» *tour et plusieurs autres peintres célèbres* (qu'il nomma) *m'ont*
» *persécuté pour cela pendant long-temps ; mais ce que je n'ai pas*
» *fait pour eux, je le ferai pour vous. Je sens*, dit-il en souriant,
» *qu'on ne résiste point au burin de Dacier, et qu'il y aurait*
» *peut-être plus d'orgueil à refuser votre proposition qu'il n'y*
» *en a à l'accepter.* Dacier remercia Montesquieu avec des transports de joie qu'il avait beaucoup de peine à modérer ; et lui
» demanda enfin son jour. *Tout à l'heure*, lui répondit Montesquieu ; *car je ne pourrai peut-être disposer que de ce moment;*
» *je vous conseille d'en profiter.*

philosophe le nom auguste de *législateur des nations* (1).

Platon, Aristote, Xénophon chez les Grecs; Cicéron
chez les Romains; Machiavel, Hobbes, Grotius, Bodin,
Thomas Morus, Puffendorf dans les temps anciens de
l'Europe avaient écrit sur des parties de la science du
gouvernement : *Montesquieu* embrassa le premier toute
la science, en développa et en classa les parties ; et, sans
établir de système, sans créer de théorie hypothétique,
comme ces philosophes, c'est dans la nature et dans les
faits qu'il a pris ses principes, et qu'il en a tiré les vérités
éternelles qu'il a enseignées.

Sans fonder donc de système qui lui fût propre, considérant les sociétés comme existantes, et embrassant
l'ensemble des diverses lois dont se compose la législation des peuples, *Montesquieu* examina, compara,
jugea les lois les plus propres à chaque peuple d'après
sa position, son climat, son système social, son génie,
son gouvernement, ses mœurs, ses habitudes et sa
religion.

Ce que les lois de Sparte, d'Athènes et de Rome
eurent de fondamental; ce que Platon, Aristote, Xénophon, Thucydide et Cicéron ont écrit sur la police des
peuples; ce que les historiens de l'antiquité avaient transmis des gouvernemens des anciens; ce que les législations connues des peuples de tous les temps et de tous

(1) L'éloquent idéologue Garat est le seul écrivain qui ait peint
le caractère de ces trois ouvrages, et qui ait vu toute l'élévation du
génie de Montesquieu. V. tome I des *Mémoires sur le dix-huitième
siècle*, qu'il vient de publier cette année, livre plein de belles
pages et de vues élevées, fines ou profondes, mais qui pèche par
le cadre et auquel il manque un plan (1820).

les pays offraient de plus important pour le politique et pour le civil; ce que les philosophes de tous les âges rapportèrent ou enseignèrent des mœurs ou du génie des nations, se trouve analysé dans la vaste et admirable composition de l'*Esprit des lois*. Ce que le génie pouvait encore découvrir de mieux pour le gouvernement des hommes, ce que la sagacité et la pénétration, jointes à une érudition immense, mais sage, pouvaient faire trouver de plus approprié aux principes fondamentaux des sociétés forme l'esprit et le fonds de cette œuvre sans modèle, à laquelle on ne pouvait rien comparer. L'*Esprit des lois* fut tout à la fois l'histoire des lois et des gouvernemens qui ont régi les peuples, et la doctrine de la science sociale.

Quelle force de conception en *Montesquieu* pour embrasser dans leur ensemble toutes les lois de la législation, et pour les comprendre dans chacune de leurs divisions principales! quelle finesse d'observation pour en faire ressortir ces considérations accessoires, conséquences d'autant plus ingénieuses qu'elles semblaient quelquefois plus étrangères! quelle variété de lois il a embrassée, et avec quel ordre et quelle sagesse il les rattache à chaque forme de gouvernement, comme des principes qui en découlaient nécessairement! Si on examine le point où était parvenue la science législative avant *Montesquieu*, et les acquisitions dont son beau génie l'a dotée, il reste incontestable qu'il a créé cette science. Le peu d'élémens que ce philosophe trouva dans les écrivains antérieurs étaient des matériaux brutes, incomplets et épars, auxquels manquait même une destination. *Montesquieu* fut l'architecte qui les mit en œuvre, en les faisant entrer dans l'édifice de la science sociale, qu'il éleva de son propre fonds ; et la France, si riche en modèles dans tous les genres et l'institutrice, des autres peuples, put se féliciter et se glorifier d'avoir produit en *Descartes* et *Montesquieu* les deux plus puissans génies et les deux plus grands philosophes qui eussent éclairé le monde ; car *Montesquieu* consolida et étendit la révolution dans l'intelligence que *Descartes* avait commencée.

Écrivain concis et nerveux, observateur plein de finesse et de sagacité, d'une pénétration extraordinaire et d'une force de conception qu'on ne trouve que dans *Hippocrate* chez les anciens, et qu'en *Descartes* chez les modernes, législateur profond et homme de bien, philosophe plein de grandes vérités morales et politiques, les écrits de *Montesquieu* offrirent le plus de vérités positives et fondamentales, conséquemment de tous les temps. Opposé à Machiavel et à Hobbes dans ses principes, non diffus et incertain comme Grotius, Puffendorf et tous les écrivains politiques, il fit de l'amour de l'humanité et de la liberté des hommes la base de son admirable Esprit des lois, et de ses Considérations sur les Romains, plus admirables encore, monumens impérissables de la puissance de son génie, de la supériorité des Français sur les autres peuples dans les créations de l'intelligence, conceptions les plus belles que l'esprit eût encore enfantées. Il ne parla pas dans le vaste ouvrage de l'Esprit des lois à l'intérêt particulier de ses concitoyens ; il instruisit tous les peuples, et fut un sage enseignant les droits du genre humain.

Sans doute il prit trop souvent des usages transmis par l'histoire pour des principes de législation ; sans doute il confondit l'état et le gouvernement ; sans doute ses trois formes de gouvernement ressemblent, sous le rapport de polices distinctes des sociétés, aux quatre tempéramens des médecins, quoi que *Montesquieu*, ainsi que les plus habiles médecins, n'ait point prétendu que ces formes d'organisation fussent des formes absolues, mais des formes distinctives, même quand elles participent plus ou moins l'une de l'autre; sans doute son opinion sur la nécessité de trois pouvoirs dans l'état n'était point exacte en fait ni fondamentale en principe; sans doute son ingénieux système des climats fut trop absolu dans le principe qu'il en déduisait, et dans les conséquences qu'il en a tirées; sans doute ce qu'il a dit de la noblesse et de l'honneur comme mobiles de la monarchie, comme parties essentielles, intégrantes et dépendantes de la nature et du fondement de ce gouvernement, était contraire aux principes vrais de l'organisation sociale qu'il reconnaissait ailleurs; sans doute son éloge, si beau dans son idéalité, mais si peu fondé en vérité, de la prétendue constitution anglaise fut une grande erreur d'une admiration irréfléchie, et depuis malheureusement la source de graves erreurs chez les hommes sur les véritables élémens de l'organisation sociale et du gouvernement; sans doute ses opinions personnelles influèrent quelquefois sur les principes qu'il posa et sur leurs conséquences : mais, si ce puissant génie se trompa sur ce qu'il dit des formes de gouvernement, des pouvoirs dans l'état, et sur les climats, systèmes qu'il étendit trop, que de vérités éternelles et fondamentales dans son livre immortel sur le rapport des peines aux délits, sur la servitude et l'esclavage, sur les élémens de la liberté politique et individuelle, sur l'éducation, sur la tolérance religieuse, sur les lois civiles, sur les impôts, sur les rapports de nation à nation, sur l'industrie et le commerce, sur les devoirs du législateur, sur les devoirs des chefs des républiques et des rois, sur l'accord nécessaire de la constitution, des lois, des mœurs, et du génie des peuples pour chaque état et chaque gouvernement en particulier! que de choses admirables de profondeur dans ce tableau si savamment et si énergiquement tracé de l'histoire du commerce chez tous les peuples et dans tous les temps! quel morceau pourrait lui être comparé pour la vérité et la vigueur de l'exécution!

Ceux qui ont reproché à l'immortel Esprit des lois le défaut de méthode dans son ensemble et de liaison dans ses parties ont prouvé qu'ils ne pouvaient juger un livre de cette nature. Mais, par une prétention mal fondée de l'esprit, les gens qui cultivent la littérature se croient par cela même juges des divers genres de productions de l'intelligence, et, dans leur ridicule ambition d'étendre leur domaine sur toutes les parties des connaissances humaines, des littérateurs ont voulu juger le philosophe politique : parce qu'ils n'ont pas trouvé dans le livre de *Montesquieu* cette symétrie de proportions qu'ils voyaient ordinairement dans les créations d'imagination, parce qu'ils n'ont pu saisir ce fil délié qui lie toutes les parties de l'esprit des lois, ils l'ont jugé décousu.

Tout s'enchaîne dans l'Esprit des lois; l'ordre établi par *Montesquieu* en est la preuve incontestable. Chaque science à sa méthode, indépendamment de celle propre à l'écrivain, et cette méthode est déterminée par la nature même des faits dont chaque science s'occupe, c'est-à-dire par l'objet qu'elle se propose. Si donc *Montesquieu* paraît n'avoir point donné assez d'étendue à quelques parties de son livre, s'il en a multiplié les divisions par chapitres, et s'il a quelquefois consacré tout un chapitre à un seule pensée ou à un seul fait, pouvait-on pour cela accuser ce beau génie d'avoir ignoré les règles et les formes d'écrire. N'a-t-il pas évidemment négligé à dessein certaines règles pour frapper ou pour attacher davantage son lecteur, et le forcer à méditer plus particulièrement telle loi, tel fait, telle pensée, telle réflexion, ou tel principe. Ce qui pourrait être un défaut dans une œuvre littéraire, dans un poème, où les règles de convention ont circonscrit l'imagination dans des limites qu'elle ne pourrait franchir sans blesser le goût et l'étude de la nature, n'en saurait être un dans un livre de science. Le défaut serait si l'écrivain omettait quelque partie nécessaire de son sujet, s'il n'envisageait point sa matière dans tous ses points, ou ne lui donnait pas la proportion convenable à son entier développement. *Montesquieu* a traité chaque partie dans toute son étendue, et dans ses points fondamentaux, objet qu'il s'était spécialement proposé : donc tout est bien, quelles que soient les divisions qu'il ait établies.

Il n'est point une des productions de ce sage qui ne porte l'empreinte de son génie, de son imagination féconde, de la vivacité et de la force de son esprit, de ses inspirations sublimes d'expressions, et où l'on ne trouve ces saillies ingénieuses, ces traits nerveux et piquans qui le caractérisent, soit même que son esprit joue avec les grâces, soit qu'il aiguillonne l'ironie. Rien de plus frais et de plus gracieux que son *Temple de Gnide* : c'est l'atticisme des grâces dans ce qu'il a de pur. Quel coloris vrai dans *Arsace et Isménie*, et dans ces petits *écrits* comme échappés à la sublimité et à la gravité de ses méditations! quelle sagacité dans son *Essai sur le goût*, si précieux de vérités, et de finesse d'observation!

quelle énergie de pensées, quelle vigueur de coloris dans son *Dialogue de Sylla et d'Eucrate*, si bien dans la manière antique et où il a surpassé les anciens! Quelle profondeur dans ses *Discours* sur des sujets d'histoire naturelle, quelle flexibilité d'intelligence, quelle variété de vues! Ses *pensées* n'appartiennent qu'à un esprit supérieur, et l'on y trouve l'homme de bien et le sage. Ses *lettres*, écrites dans l'abandon de l'intimité et dans la confiance de l'amitié, montrent la bonté de son cœur, sa franchise et sa bonhomie, la candeur, la probité et l'indépendance de son caractère, et font aimer le grand philosophe dans l'homme causant familièrement avec ses amis.

Le style des grands écrivains est leur faire, et ce faire ne peut être imité, non plus que le faire des grands peintres : il faudrait être eux pour écrire comme ils ont écrit, être organisé comme ils le furent; car leur style est en eux l'image des impressions, et leur manière de sentir et de juger ces impressions par rapport aux choses de l'intelligence, ce qui les distingue de ceux qui écrivent sans organes. Leur style est ainsi que leurs pensées une émanation de leur constitution physique, et ils ont eu leur style sans l'avoir appris, et sans chercher à l'avoir.

Le style de *Montesquieu* a un cachet qui lui est propre, et en cela il est inimitable. On a toujours considéré ce philosophe comme le plus fort et le plus profond penseur, mais il est encore un des plus éloquens écrivains. Quoi de supérieur pour l'éloquence à nombre de pages des *Considérations sur la grandeur et la décadence des Romains*, de l'*Esprit des lois*, à ce morceau si admirable, le *Dialogue de Sylla et d'Eucrate!* Dans ses *Lettres per-*

sannes, dont les sujets et le coloris sont si variés, il en est beaucoup dont l'énergie, la vigueur et l'élévation de la diction dans les faits et dans les sentimens passionnés, sont des chefs-dœuvre. Il n'est aucun de ses *discours* qui ne soit d'un grand écrivain et d'une véritable éloquence. Son *discours de réception* à l'académie est plein de choses et non de mots : exemple qu'il donna, mais qu'on n'a pas suivi.

L'éloquence de *Montesquieu*, en s'adressant à tous les esprits, et en y faisant de vives impressions, a rendu populaires les idées de ce puissant génie, et ce philosophe a encore en cela servi l'humanité.

Plus grand philosophe qu'aucun de ceux de l'antiquité, écrivain supérieur à ce que les temps anciens de l'Europe nous offrent de plus parfait, *Montesquieu* fut la gloire des temps qui précédèrent notre immortelle révolution, un phénomène dans un sciècle renommé par ses philosophes, et qui éclipsait les temps antérieurs par les grandes et utiles productions de ses écrivains. Aucun d'eux ne rendit d'aussi grands services à l'humanité par la nature de ses écrits, aucun d'eux n'allia comme ce philosophe le génie, la sagesse et la candeur de l'écrivain : il fut un sage parmi les philosophes de son temps.

La Grèce et Rome eussent élevé des autels à *Montesquieu*, et nulle part la *statue* du sage à qui la France, l'Europe et l'Amérique doivent la science sociale, ne décore les places publiques (1); nulle part ses images, monumens nationaux, n'attestent la reconnaissance des peuples,

(1) Seulement le conseil des cinq-cents et le conseil des anciens agitèrent en l'an iv la question des *honneurs du Panthéon à accorder à Montesquieu*, mais ils ne prirent aucune résolution sur cette tardive marque de reconnaissance nationale (1820).

que son génie a éclairés, et quand son nom est en vénération parmi les hommes, ses écrits font doctrine pour
les sages et autorité dans les conseils! De froids et mes-
quins éloges académiques sont encore le seul tribut de
reconnaissance payé à sa mémoire.

Chez les Grecs, les *écrits* de *Montesquieu* eussent été
enseignés dans les écoles publiques, et leurs sages les
eussent opposés dans leurs leçons aux leçons des sophistes,
et nulle part ils ne sont encore l'objet d'un enseignement
spécial dans les écoles! on les cite seulement dans les
discussions de la tribune nationale pour s'appuyer des
principes et de la doctrine du philosophe français.

Nous sommes encore le seul peuple d'Europe qui ait
des *lois* et une *constitution*(1); et néanmoins nous n'avons
pas d'école publique pour leur enseignement. Cependant,
les lois constitutionnelles se lient plus spécialement à
l'histoire que les autres parties de la législation : elles
sont identiques avec l'histoire des peuples. Les constitutions se rattachent à l'ordre social même : moins étendues de leur nature que les lois administratives et judiciaires, elles n'en sont pas moins usuelles, journalières
et de toute nécessité. Toutes les autres lois en ressortent
comme conséquences plus ou moins directes ou relati-
ves : en elles sont la règle des droits des citoyens, les
principes constitutifs de l'organisation intérieure, l'esprit
général des institutions, les règles fondamentales du
gouvernement, les élémens de l'administration et de la
justice, les maximes qui dirigent les autorités premières
et secondaires; enfin considérées sous leur point de vue

(1) La constitution de l'an III de la république venait d'être
publiée loi de la France (1820).

spécial, les constitutions sont les premières lois organiques
des peuples. De plus, s'il est pénible pour les citoyens
d'ignorer la constitution de leur pays, et d'être comme
étrangers à la connaissance de cette première des lois,
sans laquelle il n'y a point de patrie, et la société ne
saurait être et se maintenir comme nation, on ne peut
non plus aimer la communauté dont on est membre,
qu'autant que l'on en connaît les conditions, et les règles
de ses droits et de ses devoirs; ni respecter le gouvernement institué, qu'autant qu'on connaît les règles en vertu
desquelles il agit et exécute.

Mais en combinant l'enseignement de nos *constitutions* et de nos *lois* avec les principes théoriques de l'immortel *Esprit des lois* de notre grand Montesquieu sur
les mêmes points de législation, ou plutôt, ce qui con-
viendrait mieux aux lumières actuelles, en examinant
comparativement les principes fondamentaux sur les mêmes sujets dans l'esprit des lois, pour enseigner en quoi
ceux posés par Montesquieu sont maintenant confirmés ou
s'écartent des vérités maintenant reconnues, et pour constater les progrès que nous avons faits, on aurait un enseignement complet de politique intérieure, et en harmonie
avec l'état présent des connaissances (1). Ce serait faire
un rapprochement naturel entre le génie qui créa la science
sociale et qui enseigna ses élemens, et les premières lois
constitutionnelles établies en Europe sur les principes

(1) On a dans *Montesquieu* et *Mably* tout ce qu'il importe de
savoir de fondamental en législation et en politique, et sur chacune des parties dont ces sciences se composent : avec ces deux
philosophes on peut se passer de tous les autres écrivains, et il
est même bon de ne point s'en inquiéter, si l'on veut conserver son
jugement libre et sain (1820).

sociaux dûs aux lumières depuis ce philosophe ; ce serait rappeler l'époque où la théorie de la science législative fut découverte, et l'époque où la théorie de cette science fut confirmée ou rectifiée dans son application à des lois positives. On satisferait aussi en cela à un sentiment national : le philosophe qui, le premier des philosophes anciens et modernes, a fait connaître la nature, les élémens et les principes de la science législative dans toutes ses parties, étant Français ; et la France étant la première des nations Européennes qui eut des lois constitutionnelles émanées de la volonté publique et dans l'intérêt national, sans lesquels il n'est point de constitution.

Hippocrate fut le plus grand et le plus sage génie chez les anciens. Rien de comparable à ses immortels écrits, et surtout à son livre admirable de raison et de vérité, *des airs, des eaux et des lieux.* Les vérités qu'il énonça sont encore des vérités, parce que ses jugemens furent reconnus telles avec le temps. Il n'établit point de système en ses écrits, mais il remonta toujours à la cause des choses, et il prit leur cause dans leur nature bien observée, sans jamais en altérer la pureté par les illusions de l'imagination. Ses écrits seront à jamais des monumens de l'étendue, de l'élévation et de la sagacité de son intelligence, comme ils sont une merveille parmi tant de grandes et admirables productions des anciens. Mais *Montesquieu* est le plus puissant et le plus beau génie qui ait éclairé le monde : ses divins écrits sont un trésor de vérités et une source intarissable de méditations. *Hippocrate* et *Montesquieu* sont les lumières des deux grandes époques de l'histoire de l'esprit humain chez les deux peuples qui instruisirent les nations, les Grecs et les Français. *Montesquieu* est, avec *Hippocrate,* l'écrivain où dans tous les temps on viendra puiser les vérités fondamentales dans les sciences qu'ils ont créées.

O vous donc que la confiance de vos concitoyens appelle dans les législatures à la discussion des affaires publiques, ou porte aux emplois civils et à l'exécution des lois, hommes de tous les pays libres, lisez sans cesse *Montesquieu* : que sa grande ame et son sage amour de la liberté soient toujours présens à vos esprits, ainsi que les vérités fondamentales qu'il a enseignées ; car, si l'on doit maintenant à l'expérience d'une grande révolution, et aux progrès toujours croissans de l'intelligence, des vérités qu'il n'a pu connnaître, ses écrits en furent la cause première, et on y trouve la mine d'où on a tiré les vérités maintenant reconnues et confirmées.

Addition aux Réflexions sur Montesquieu (1820).

Dans les premiers temps de la renaissance des sciences en Europe, l'ignorance dans laquelle les nations étaient plongées, fit trop regarder comme des vérités tout ce qu'on trouva dans les livres de l'antiquité, parce qu'on y trouva le germe de beaucoup de connaissances. La poésie et les lettres se ressentirent également de cette disposition des esprits. Si les productions des anciens servirent à en rappeler l'étude et la culture, il n'est que trop vrai que l'esprit d'imitation ôta toute physionomie nationale à la poésie et à la littérature modernes. Les productions des anciens étaient des modèles qu'il fallait consulter : on y trouvait des règles qu'il fallait suivre ; mais on n'en fit le plus souvent que des copies plus ou moins serviles, toujours

défigurées par cela-même que ces copies étaient un mélange d'imitations et de mœurs contraires. *Corneille* et
Molière seuls furent poètes originaux.

Dans ces premiers temps de la culture de l'esprit, la
philosophie d'Aristote, dénaturée et mal interprétée
des érudits, et si favorable à l'ergotie de l'école, comme
la philosophie de Platon l'avait été au spiritualisme des
chrétiens, devint le haut degré du savoir, et tout ce qui
était contraire à la scolastique, philosophie bâtarde que les
écrits d'Aristote firent naître, fut proscrit. On regarda les
connaissances cultivées alors comme le dernier terme
des conceptions de l'intelligence; en douter ou s'en écarter,
était un attentat à la raison. Le petit nombre de ceux qui
osèrent élever des doutes sur l'infaillibilité d'Aristote,
s'attirèrent la censure ou furent persécutés. Cependant
l'absurdité même de la philosophie scolastique devait
la décréditer avec le temps. Telle était la disposition
des esprits en Europe, quand parut *Descartes*, le second
bienfaiteur de l'humanité après Guttemberg. Ce grand
homme et *Gassendi*, sans se laisser effrayer des clameurs
de l'école et des prétendus savans, s'élevèrent au-dessus
des préjugés de leur siècle, combattirent Aristote et le
détrônèrent; mais combien ne leur en coûta-t-il pas pour
substituer à sa philosophie une philosophie conforme
à la raison : aussi, que ne leur doit-on point pour
avoir désillé les yeux ! Quoiqu'ils ne fussent pas eux-
mêmes exempts d'erreurs, ils indiquèrent du moins la
voie de la vérité, ou plutôt des moyens pour y parvenir.
Dans le même siècle Bacon, sans avoir leur génie trans-
cendant, et sans posséder comme *Descartes* l'esprit inves-
tigateur, qui seul conduit à la philosophie des causes,
la vraie philosophie, dressait une généalogie systématique

des connaissances humaines, dont il cherchait à assigner la nature, l'objet, les limites et les rapports.

Avant *Descartes*, quelques philosophes s'étaient rendus célèbres plus par la nouveauté de leurs écrits et de leurs découvertes, que par les services importans qu'ils rendaient au développement de la raison ; car les découvertes qu'ils firent étonnèrent plus les hommes encore dans l'ignorance, qu'elles n'excitèrent leur émulation pour la recherche de découvertes nouvelles ; et ces découvertes étant des faits épars, elles ne pouvaient opérer une révolution prompte et durable dans l'entendement humain. Mais *Descartes* créant sa *méthode*, inventa l'instrument de la vérité, dont de grands esprits se servirent depuis plus ou moins habilement dans l'application qu'ils en firent pour leurs découvertes et dans leurs travaux. Par sa méthode *Descartes* rendit un service d'autant plus essentiel pour les progrès de la raison, qu'il enseigna comment l'intelligence devait procéder dans ses opérations, sans quoi l'esprit serait en quelque sorte resté toujours stationnaire malgré ses découvertes et ses efforts : il imprima aux esprits une impulsion salutaire qui fit la raison s'affranchir de ses anciens liens et de ses anciennes erreurs, il lui donna une marche sûre et uniforme pour la recherche et dans la manifestation de la vérité, et il rendit les philosophes qui vinrent après lui ses disciples, quoique des rivalités d'orgueil national aient voulu méconnaître ou osé désavouer cette vérité de fait. Une grande révolution se fit dès-lors dans l'entendement, et l'esprit humain le dut au génie hardi et novateur de Descartes. *Descartes* appliqua le premier à l'étude de l'homme moral, la connaissance de l'homme physique, qui en est inséparable, (connaissance de tout l'homme non

cultivée jusqu'à nos temps nationaux) et sans laquelle on
ne pourrait savoir, avec certitude, les élémens et les
principes de la science politique; il appliqua le premier
l'algèbre à la géométrie, point fondamental et dé-
cisif dans les sciences naturelles ; il porta le premier dans
les sciences la méthode analytique, et le premier il les dé-
duisit les uns des autres, il les soumit au calcul du raisonnement et à la démonstration de l'expérience. Sans doute
ses idées innées en métaphysique, et ses tourbillons
en physique furent de graves erreurs, mais ce philosophe
fut un génie étonnant par la profondeur et l'étendue de
la pensée, par les grandes vérités physiques qu'il a dé-
montrées, par ses admirables découvertes. On ne saurait
être trop reconnaissant du bien inestimable qu'il fit à la
raison, en enseignant l'*analyse* comme seule voie que l'esprit doive suivre dans la recherche de la vérité, quel que
soit l'ordre des idées dont il s'occupe : sa *méthode* fut un
bienfait, et elle a formé Locke, Condillac, Helvétius,
Garat et Destutt-Tracy, philosophes qui depuis s'occu-
pèrent spécialement de l'analyse de l'entendement et des
idées, la clef de toutes nos connaissances.

De même qu'il faut descendre aux douzième et qua-
torzième siècles (16.ᵉ et 18.ᵉ siècles des historiens) pour
voir la science politique devenir l'objet de recherches plus
suivies, de systèmes mieux raisonnés, d'hypothèses mieux
établies, enfin de théories plus complètes, de même il
faut passer de *Descartes* à *Montesquieu* pour trouver
le génie vaste et créateur, le grand philosophe qui fixa
la science sociale dans le plus grand nombre de ses
élémens et dans l'ensemble de son système. Il est le point
d'où il faut partir désormais pour connaître les opinions anciennes, pour suivre cette science dans son avan-

cement, pour diriger l'esprit dans sa marche et ses recherches.

Entre ces deux lumières de l'Europe, un sage avait apparut; car pourquoi ne placerait-on pas parmi les écrivains politiques le philosophe qui fut le précurseur du grand Montesquieu, et qui le premier fit entendre aux peuples et aux rois le langage pur de la raison? *Fénélon* ne se recommanda-t-il pas seul entre ces écrivains par son amour de l'humanité, par ces vérités éternelles de politique et de morale qu'il enseigna? Son *Télémaque*, que Montesquieu nommait l'ouvrage divin du siècle de son auteur, a cela d'admirable qu'il est tout à la fois un livre de politique, de morale et de la philosophie moderne, qu'on y trouve l'imagination riante et féconde des Grecs, les beautés naturelles et la noble simplicité de leurs productions, leur manière d'enseigner la philosophie, la morale pure du portique et de Socrate, la plus belle création du treizième siècle (le 17.ᵉ des historiens), et celle qui marquera à jamais ce siècle dans l'estime des sages. Les fictions mythologiques dans Télémaque charment l'imagination, et l'esprit aime à s'y distraire des pensées philosophiques par ces ingénieux mensonges de l'antiquité; mais ce que la raison y admire et ce qui instruit, ce sont ces pages pleines de sagesse sur la politique, où sont développés de si excellens principes sur la liberté et les droits de l'homme, sur les sociétés et leur gouvernement; ce sont ces préceptes si purs de morale, puisés dans le cœur humain, et qui sont des règles éternelles de conduite dans la vie. *Fénélon* fut la vertu instruisant les hommes.

Nouveau bienfaiteur du genre humain, après Guttenberg et Descartes, le grand *Montesquieu* publia son

immortel *Esprit des lois,* et le plus beau génie qui aît
honoré l'humanité, fut le législateur des nations. *Le
genre humain avait perdu ses titres, Montesquieu les
a retrouvés, et les lui a rendus,* dit Voltaire. Avant ce
philosophe, Platon, Aristote et Cicéron étaient en pouvoir des esprits, et la seule lumière que l'antiquité eût lé-
guée; Machiavel, Hobbes, Grotius et leurs disciples faisant pour la science politique ce que d'autres philosophes
faisaient pour les sciences naturelles, s'étaient rendus
célèbres par les systèmes qu'ils avaient établis, et leurs
noms étaient restés une autorité, malgré qu'ils n'eussent
point servi à l'avancement de la raison dans la science politique. En effet, quoique la politique fût une science
pratique, avantage dont ne purent la priver leurs systèmes, et conséquemment, quoiqu'elle ne dût pas être
assimilée à ces sciences plutôt spéculatives que usuelles,
parce que leur application aux besoins de la société serait
moins directe (différence qui en établit nécessairement une dans la théorie comme dans l'application de la
politique, puisque les lois et les traités sont des règles
positives de police entre les hommes et les nations, dé-
duites de la nature de leurs besoins et de leurs rapports),
la politique ne fut jusqu'à Montesquieu que les théories
systématiques de ces écrivains. Le mal qui en résulta ne fut
pas seulement un mal pour la raison, car leurs principes
influèrent aussi sur les gouvernemens et les conseils, et
la police et la politique des états se ressentirent de l'esprit
de leurs systèmes, et en furent entachées; aussi serait-ce
d'après ces considérations qu'il faudrait examiner les travaux de ces écrivains, s'il pouvait être utile d'apprécier
exactement ce qu'ils ont fait pour la science, et les services
qu'ils peuvent avoir rendus par leurs écrits : autrement

il serait impossible de les juger, puisque ces considérations porteraient sur la cause même du point de vue sous
lequel ils ont envisagé la science. La seule manière de les
réfuter serait donc de remonter aux faits ; mais trop
vagues et trop fautifs, ils n'en pourraient soutenir l'examen.

Le *siècle de Montesquieu* fut le siècle des philosophes.
Mably, Buffon, Raynal, Voltaire, Helvétius, Condillac,
Rousseau, Diderot, d'Alembert et Vauvenargue illustrè-
rent en France ce siècle, dont *Montesquieu* était la lumière. Ces philosophes ne pouvaient naître que chez un
peuple éminemment spirituel; et ils rappelèrent, par leur
présence dans le même temps, ces temps philosophiques
de la Grèce où ses sages étaient comtemporains, et enseignaient leurs systèmes différens et leurs erreurs sur la
nature, sur l'homme et les sociétés ; mais leur époque
surpassa les temps antiques et les temps antérieurs par
plus de maturité et d'étendue dans les connaissances, par
plus de sûreté dans le jugement, par un but commun
dans leurs travaux.

Philosophe plein de raison et d'un grand sens, recommandable par la probité de ses opinions, libre de
tout préjugé, indépendant en ses jugemens, parce qu'il
l'était par caractère, plus jaloux d'instruire que de la célébrité d'écrivain, et écrivain homme de bien, *Mably*
fut un défenseur franc de la vérité et de la liberté des
hommes, et un sage parmi ces philosophes : il ne com-
battit l'erreur et tout despotisme que dans la vue du bien
de l'humanité. Ecrivain politique le plus directement
utile après Montesquieu, philosophe le plus estimable
après ce beau génie, ses livres *de la Législation* ou
principes des lois, des *Entretiens de Phocion*, des *Droits*

et des devoirs du citoyen, furent la partie morale de la science politique, le complément et le correctif de l'*Esprit des lois*. Comme les philosophes de l'antiquité, qui avaient senti, avec bien du sens, la nécessité de rapporter toujours la morale à la politique, et de prendre la morale pour élément de la politique, *Mably* considérant la morale et la politique, comme une seule et même science, dans l'étude et dans l'application des principes organiques et des lois de la société, fit toujours de la morale la base de ses écrits. Prenant pour modèle la manière de Socrate, de Xénophon, de Platon et de Cicéron de présenter la vérité aux hommes, *Mably* fut un sage discutant sur les lois et la morale, et il rappela dans ses livres la manière de penser et d'écrire de ces anciens philosophes. Comme eux, citoyen zélé pour la patrie, il n'eut que des intentions droites, il ne posa que les principes qu'il crut vrais. Admirateur des gouvernemens des Grecs et des Romains, on reconnaît son esprit de prédilection pour Lacédémone, Athènes et Rome, pour leurs législateurs Lycurgue Solon, et Numa, et pour Socrate, Platon, Aristote et Cicéron leurs philosophes, même dans les écrits qu'il composa sur les affaires du temps ; mais quoique dominé par son goût pour les anciens, on ne peut accuser ce sage, affligé de l'arbitraire et des désordres qui formaient alors le caractère de tous les gouvernemens de l'Europe, pour avoir voulu ramener ces gouvernemens au système de police des anciens, comme le plus favorable connu encore à la dignité et à la liberté de l'homme. *Mably* n'eut pas la profondeur, l'étendue, l'élevation, la pénétration et la sagacité de Montesquieu, mais il eut l'indépendance, la franchise et la moralité du philosophe : son style n'eut pas l'énergie de celui de Montesquieu, mais il fut celui

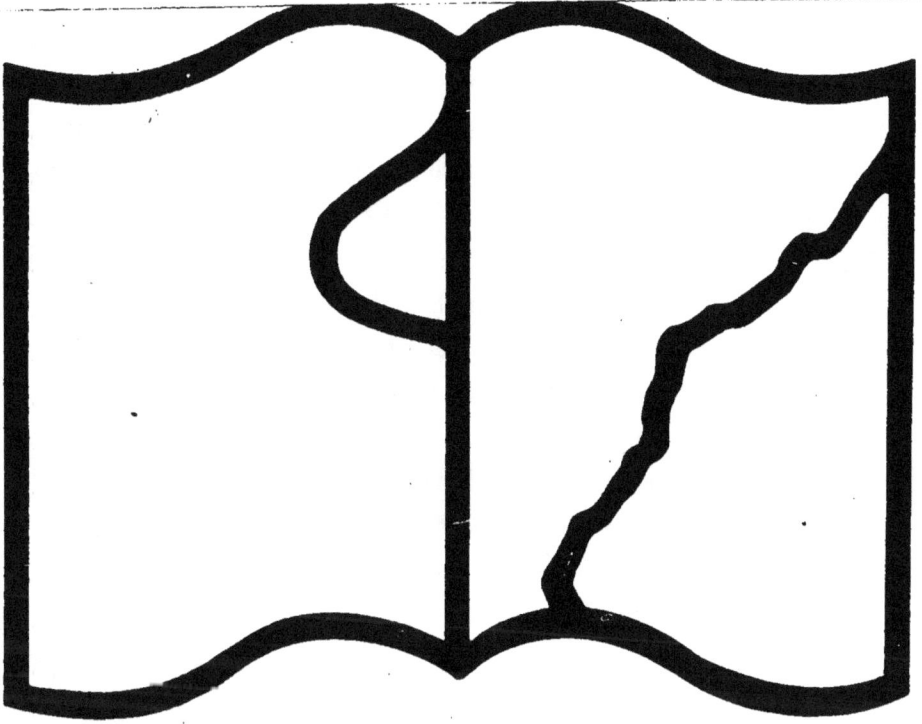

Texte détérioré — reliure défectueuse

NF Z 43-120-11

de la raison. En Montesquieu, la philosophie avait apparu soutenue de la puissance du génie, de l'éclat de l'imagination, de l'entraînement de l'éloquence, et imposant aux esprits le joug de la vérité par l'ascendant d'une raison supérieure; en *Mably*, la philosophie se montra simple, sans ornemens, indépendante de l'erreur, s'insinuant dans les esprits par la seule force de la raison et par la probité du bon sens. Si la France n'eut pas de plus grand philosophe que Montesquieu, elle n'eut point de philosophe plus citoyen que *Mably*, de plus indépendant défenseur de la liberté. Tous deux ont enseigné aux hommes ce qu'il y a de plus évident et de plus fondamental en législation et en politique, et ils ont laissé pour l'instruction des siècles deux livres les plus admirables en aucune langue, les *Considérations sur les causes de la grandeur et de la décadence des Romains*, et les *Entretiens de Phocion*.

Philosophe mysantrope et ennemi des hommes dont il semble défendre les droits, raisonneur passionné, observateur systématique, politique et moraliste paradoxal en ses opinions, outré dans ses principes et détourné dans ses conséquences, *Rousseau* porta le sombre et l'inconstance de son caractère dans ses écrits, ce qui le rend contradictoire, souvent obscur, et rarement profond; mais il eut l'art d'embellir des paradoxes et de donner du charme à des sophismes. Il écrivit d'après les passions qui le dirigeaient; et si elles furent cause d'une sorte d'éloquence dans son style, elles le furent aussi de ses opinions, de ses jugemens et de ses erreurs. Il n'eut que l'art de donner des formes nouvelles à des vérités connues, et il n'ajouta pas à la science sociale; mais il en imposa à la multitude et aux esprits

inattentifs sur ses erreurs philosophiques et sur les services
de sa philosophie, comme sur son caractère naturellement
ombrageux, jaloux, sauvage, et haineux. L'orgueil fut le
défaut de *Rousseau*, comme la vanité fut le faible de Voltaire. *Rousseau* écrivit avec ses passions, Voltaire avec passion. Le style de Voltaire est naturel, facile, approprié à ses
idées, et comme elles sans force et uniforme; l'éloquence
de *Rousseau* est chargée de couleurs, et ses couleurs sont
plus séduisantes que naturelles. Ce qui manqua à Voltaire,
la constance et la ténacité de la méditation, *Rousseau*
le posséda; mais son esprit naturellement systématique
lui fit exagérer jusqu'aux choses vraies qu'il a dites, et
en tirer des conséquences fausses ou détournées : de
là le peu de confiance qu'on a malgré soi en cet écrivain,
et le peu d'utilité qu'on peut retirer de ses écrits. *Voltaire*
et *Rousseau* furent propres au temps où ils parurent,
et ces deux philosophes durent en grande partie à
l'esprit de ce temps la célébrité dont ils ont joui. Car
ce n'est point dans leur vie privée qu'il faut chercher
le philosophe en *Voltaire* et *Rousseau*, ni dans tous les
écrits qu'ils ont laissés, mais seulement dans des parties
de ces écrits, puisque même dans l'*Emile* ou *de l'éducation*
par Rousseau, et dans l'*Essai sur les mœurs et l'esprit des nations* par Voltaire, leurs plus beaux et plus utiles
ouvrages, productions d'une importance réelle pour la
raison, on voit qu'ils ont encore été dominés par ce
même esprit qui faisait leur célébrité. Et comme *Rousseau*,
par son caractère et par la nature de ses idées dans
ses écrits, était propre à faire des enthousiastes, et
Voltaire à être chef de secte, l'un et l'autre eurent
leurs admirateurs irréfléchis et d'ardens partisans (1).

(1) Volney a développé les causes de cette différence dans une
note de ses leçons d'histoire. Voyez page 85, 3ᵉ édition, 1810.

Voltaire eut trop de cette faculté qu'on nomme esprit pour pouvoir atteindre au génie, et son esprit plutôt flexible qu'étendu, fut trop mobile, et il l'appliqua à trop d'objets pour avoir pu produire de ces créations qu'on ne doit qu'à un long travail et à de profondes méditations. On ne pourrait citer de ce philosophe un écrit qui ait ajouté aux lumières de son siècle, qui puisse faire la gloire de son pays, et qui soit resté comme monument du génie de son auteur, quoique ces choses résultent en partie de l'ensemble de ses écrits. Il écrivit sur la politique, la morale, l'histoire, la physique, et il ne fut ni politique, ni moraliste, ni historien, ni physicien : il ne laissa que des réflexions pleines de finesse sur ces matières, et c'est comme poète léger, comme écrivain littérateur et comme critique qu'il se recommanda. Voltaire est jusque dans ses moindres productions, et c'est dans tout ce qu'il a écrit qu'on trouve son esprit, et qu'il faut chercher ce philosophe pour l'apprécier: il est en quelque sorte inanalytique. On ne voit pas en lui le grand poète, comme Corneille, qui illustre son pays par ses poëmes et qui crée son art ; le philosophe, comme Montesquieu, qui franchit les temps par des productions qui les bravent et leur survivent. Non inventif, mais universel, il a rajeuni beaucoup de vérités, et son esprit souple, fin, léger, moqueur, les mettant à la portée du plus grand nombre (vrai service qu'il rendit), et les présentant le plus souvent, sous la forme de l'ironie, les fit avidement recevoir de ses concitoyens, disposés à s'affranchir du joug des préjugés, mais incertains encore des grandes vérités sociales. En frondant tout sans rien approfondir, le plaisir qu'il fit aux Français, alors légers eux-mêmes, aimant à rire de tout, et se vengeant de leurs maîtres

par leurs sarcasmes , n'étant point encore assez éclairés
pour le faire par l'indignation et l'opposition , fut cause
de sa grande vogue , et il lui dut d'avoir attaché sa mémoire à une époque qui fut *l'introduction* à la révolution des peuples; car aucune de ses productions ne font
le grand philosophe et le grand écrivain, le génie qui
fait autorité et dont les créations instruisent la postérité.
S'il eût su se borner , peut-être eût-il laissé quelques
ouvrages pour l'instruction des hommes, et il se serait
placé à la suite de ces philosophes immortels qu'on étu-
die sans cesse , et qui répandent encore la lumière après
des siècles. Recommandable seulement pour les vérités
qu'il rendit populaires, il ne fut point un sage enseignant
la vérité aux hommes , méritant leur vénération et ayant
le genre humain pour disciple, comme furent *Hippocrate*
et *Montesquieu ,* ces grands philosophes qu'on aime
autant qu'on les admire , ces puissans génies qu'on
médite et qu'on ne cesse de méditer.

Raynal cultiva la science sociale dans sa partie historique : il écrivit l'histoire de l'événement des temps
anciens de l'Europe le plus important dans ses résultats ,
et son *histoire des découvertes des Européens dans les
deux Indes* serait, après l'*Esprit des lois* et *les Entretiens
de Phocion ,* le livre le plus instructif pour les hommes
si à la philosophie il eût joint la profondeur et la concision, et s'il n'eût pas trop souvent sacrifié à cette
éloquence verbeuse qui noie les pensées et les vérités
les plus utiles et les affaiblit, qui énerve les jugemens,
et qui nuit à l'instruction.

Buffon , esprit vaste, qui grand dans ses peintures lors
même qu'il n'est point exact, admirable jusque dans
ses écarts , fut recommandable par ses grandes vues

sur la nature, et pour avoir rendu populaire l'étude des sciences naturelles : mais, systématique, il consulta plus son imagination que la nature, qu'il ignorait trop d'ailleurs ; il peignit plutôt les effets moraux des choses qu'il n'en fit connaître les principes et les causes physiques, et trop souvent il substitua ses hypothèses à la vérité.

Esprit indépendant, scrutateur plus hardi que profond de la vérité, écrivain plus novateur que judicieux et sage, *Helvétius*, rapportant toutes ses pensées à l'opinion qu'il s'était faite de l'homme individu et social, se fit remarquer par la perspicacité de la pensée et par la force de l'analyse et du raisonnement, et il ajouta souvent l'erreur hypothétique aux vérités de fait qu'il énonça dans ses livres sur *l'homme et ses facultés*.

Condillac, en étendant les découvertes sur la nature de l'entendement que Locke avait dues à Descartes, jeta un grand jour sur la *formation des idées*, mais il remplaça quelquefois la vérité par des systèmes ingénieux.

Des deux créateurs de l'Encyclopédie, *Diderot*, dominé par la fougue de la pensée, plus propre à émouvoir les passions par la parole qu'à méditer la vérité dans le silence de la retraite, se distingua plutôt par l'audace de ses opinions que par la sagesse et le calme de la réflexion : avec de grandes idées, la pénétration pour découvrir la vérité, la force d'intelligence pour la saisir, il manqua de constance pour produire ; il eut quelque chose du génie, mais il lui échappa. D'*Alembert*, plus froid, plus méthodique, plus habitué à creuser ses idées par la nature même de ses études et de ses travaux, eut plus de finesse, de modération et de suite dans la pensée, mais moins d'élan et de vigueur dans son énoncé.

Esprit sage, profond, élevé, judicieux, *Vauvenargue*

s'oublia comme Mably pour la vérité seule, qu'il aima et qu'il fait aimer. Comme penseur, comme philosophe, comme écrivain moraliste, il fut supérieur à la Bruyère et à la Rochefoucault, qui ne furent que d'ingénieux raisonneurs et de spirituels moralistes.

Il n'est sans doute aucun de ces philosophes qui ne se recommande par quelque endroit : quelques-uns ont des qualités admirables, et il n'y aurait que l'aveuglement le plus complet qui se refuserait à reconnaître en quoi ils sont estimables ; mais leurs écrits prouvent qu'en philosophie, comme en toute science, il n'est point d'autre vraie sagesse sans l'étude et l'observation des faits naturels.

Différens d'organisation et conséquemment d'esprit, chacun de ces philosophes eut en lui une qualité dominante, et cette qualité fut le caractère distinctif des écrits de chacun d'eux, comme elle le fut de leurs jugemens, de leurs opinions et de la nature de leurs ouvrages En Mably domina la *raison*, *l'intelligence* dans Raynal, *l'élévation de la pensée* dans Buffon, la *sagacité* dans Helvétius, le *raisonnement* dans Condillac, la *conception* dans Diderot, le *jugement* dans d'Alembert, *l'énergie du bon sens* dans Vauvenargue, *l'imagination* dans Rousseau, la *flexibilité de l'esprit* dans Voltaire : de là la différence de leur style ; *simple* dans Mably, *fleuri* dans Raynal, *pompeux* dans Buffon, *sententieux* dans Helvétius, *sans couleur* dans Condillac, *véhément* dans Diderot, *uniforme* dans d'Alembert, *sage et fort* dans Vauvenargue, *séduisant* dans Rousseau, *naturel* dans Voltaire.

Si j'avais à établir le rang entre ces philosophes d'après l'importance des choses qu'ils ont traitées dans leurs

livres, ce serait dans l'ordre suivant que je les placerais :
Mably, Vauvenargue, Condillac, Helvétius, Buffon, Raynal, Voltaire, Rousseau, d'Alembert, Diderot.

Si les sages peuvent reprocher au plus grand nombre de ces philosophes de n'avoir pas toujours dit la vérité par zéle désintéressé de la vérité et dans l'intérêt seul de la vérité ; si on sent que plusieurs d'entre eux furent plus envieux de leur renommée que du bien qu'ils pouvaient faire, qu'ils ont plutôt eu en vue leur temps que la postérité, plutôt voulu briller qu'être utiles, dominer leur siècle que l'éclairer, et que, avides de louanges, ils ont plutôt cherché la célébrité que la considération ; si, plus ardens que patiens et circonspects dans la recherche de la vérité, plusieurs de ces philosophes n'énoncèrent pas toujours des vérités incontestables, et substituèrent trop souvent des erreurs nouvelles aux erreurs anciennes qu'ils combattaient, et les jugemens de leur imagination aux jugemens de la raison ; si trop souvent, s'écartant de la voie des faits, qu'ils reconnaissaient d'ailleurs la seule route de la vérité, ils associèrent des opinions hypothétiques aux vérités qu'ils enseignaient, du moins ils servirent la raison par le développement de l'intelligence, en montrant aux hommes le vrai comme désormais le seul objet des recherches, en faisant naître en eux le désir de le connaître et de n'estimer que le vrai, en signalant des préjugés et des erreurs qu'ils sapèrent et qu'ils déracinèrent dans les esprits. On leur fut redevable d'une foule de vérités qu'ils léguèrent à la postérité, et d'avoir en cela secondé l'influence du génie de Montesquieu, et préparé le *grand siècle de la raison et des révolutions politiques* : aussi ceux qui rejetteraient leurs écrits à cause de la philosophie de leurs opinions, et qui condamne-

raient ces écrivains comme philosophes, ne montre-
raient qu'absence de tout jugement.

Montesquieu fut l'aigle qui s'éléva au-dessus de ces
philosophes, et il sera dans la postérité la *lumière* et
le *sage* de son siècle ; car aucun de ces philosophes ne
posséda comme *montesquieu* les qualités du génie ; et,
excepté *Mably* et *Vauvenargue*, aucun ne fut véritablement philosophe, et n'eut la bonne foi et la probité
de l'écrivain comme *montesquieu.*

TABLE.

— **XXXIX.** Que la stabilité de la république est dans la sagesse des choix par les citoyens.

— **XL.** La représentation nationale n'a d'autre base que la population.

— **XLI.** Que la législature doit s'assembler fréquemment.

— **XLII.** Que la liberté des délibérations législatives est l'essence de la législature.

— **XLIII.** Que la législature ne peut porter atteinte ou mettre obstacle à l'exercice des droits garantis par la constitution.

— **XLIV.** Que l'instruction doit être à la portée de tous les citoyens.

— **XLV.** Que l'enseignement est libre.

— **XLVI** Que la société doit des secours aux citoyens malheureux.

— **XLVII.** Que les citoyens sont la force armée naturelle de la république.

— **XLVIII.** Que les citoyens soldats ne sont ni un corps militaire ni une institution.

— **XLIX.** Que c'est aux citoyens par la législature à consentir les contributions, et à en surveiller l'emploi.

— **L.** Que c'est à la législature à régler la monnaie.

— **LI.** Que c'est à la législature à décerner les honneurs publics aux grands hommes.

— **LII.** Qu'il faut le consentement du peuple pour être réuni à un autre peuple.

— **LIII.** C'est à la puissance législative à ratifier les traités.

— **LIV.** Qu'il n'y a que la défense de la liberté, du territoire ou des alliés qui autorise la guerre.

— **LV.** C'est à la puissance législative à déclarer la guerre.

Omissions et corrections.

Page 18, ligne 13 : Et dans les conseils, *ajoutez en note :*

Quelques-uns ont avancé que Machiavel, dans cet écrit, avait voulu au contraire établir un système opposé à celui qui semblait résulter des principes qu'il y avait posés, et que son livre était contre le despotisme, dont il dévoilait l'esprit et le mécanisme; mais ils n'ont pu détruire l'impression qui est toujours résultée naturellement de la lecture de cet ouvrage, et qui depuis long-temps a fait nommer *machiavélique*, du nom de son auteur, tout gouvernement fourbe et rusé, toute politique tortueuse et contraire à la bonne foi.

Idem, ligne dernière : Ecrivain plus original que Bacon, *ajoutez en note :*

Bacon, esprit universel, plus étendu que profond, et par cela même plus propre à saisir l'ensemble des sciences, qu'à en créer ou en approfondir une, embrassa toutes les connaissances humaines, qu'il jugea et dont il fit le dé-nombrement, en indiquant celles qu'il croyait y manquer, et il leur assigna un ordre et des divisions plutôt systématiques qu'analytiques. Sans découvrir, comme le grand *Descartes*, de ces vérités fondamentales qui ne sont autres que les lois de la nature, et dont la publicité est un avantage impérissable pour l'avancement de la raison, il la servit en ce qu'il fit connaître qu'il est des rapports nécessaires entre toutes les conceptions de l'esprit : mais seulement légisconsulte dans ses *Essais de politique et de morale*, et dans son livre : *De justicia*

.... *De fontibus juris*, il ne peut être classé parmi les écrivains politiques.

Page 20, ligne 5 : Système a d'exagéré, *ajoutez en note :*

Quelques-uns ont accusé Hobbes d'athéisme, tandis que d'autres l'ont défendu de ce reproche. Ces deux opinions prouvent seulement combien on était loin d'une saine critique : c'était son système en lui-même qu'il fallait examiner.

Page 22, ligne 13 : *Blankesthon*, lisez *Blackstone.*

Idem, ligne 16 : Lock, *lisez*, Locke.

Page 153, note, ligne 5 : Dit à ce sujet Rulhières dans sa lettre à son ami Restaut, *lisez*, dit à ce sujet, dans sa lettre à son ami Rulhières, Restaut.

Page 160, ligne 28 : L'attitisme des grâces, *lisez*, l'atticisme des Grecs.

Page 176, ligne 23 : Non inventif, mais universel, *ajoutez*, et original dans la forme.

IMPRIMERIE DE P. DUPONT,

HÔTEL DES FERMES.

www.ingramcontent.com/pod-product-compliance
Lightning Source LLC
Chambersburg PA
CBHW070410090426
42733CB00009B/1607